Lavoir
Mas de Jarlan
(Vidaillac)

Le roman invisible

Du même auteur*

Certaines œuvres peuvent être connues sous différents titres.

Romans

La Faute à Souchon ? (Le roman du show-biz et de la sagesse)
Quand les familles sans toit sont entrées dans les maisons fermées
Liberté j'ignorais tant de Toi (Libertés d'avant l'an 2000)
Viré, viré, viré, même viré du Rmi !
Ils ne sont pas intervenus (Peut-être un roman autobiographique)

Théâtre

Neuf femmes et la star
Les secrets de maître Pierre, notaire de campagne
Ça magouille aux assurances
Chanteur, écrivain : même cirque
Deux sœurs et un contrôle fiscal
Amour, sud et chansons
Pourquoi est-il venu ?
Aventures d'écrivains régionaux
Avant les élections présidentielles
Scènes de campagne, scènes du Quercy
Blaise Pascal serait webmaster
Trois femmes et un Amour
J'avais 25 ans
« Révélations » sur « les apparitions d'Astaffort » Jacques Brel / Francis Cabrel

Théâtre pour troupes d'enfants

La fille aux 200 doudous
Les filles en profitent
Révélations sur la disparition du père Noël
Le lion l'autruche et le renard,
Mertilou prépare l'été
Nous n'irons plus au restaurant

* extrait du catalogue, voir page 251

Stéphane Ternoise

Le roman invisible

Jean-Luc PETIT Editeur / livrepapier.com

Peu importe si certain(e)s se reconnaissent dans nos textes, nous en veulent parfois. Le plus souvent d'ailleurs ils se trompent en pensant avoir été entièrement capables de nous inspirer un personnage ! *« Si on met les gens vrais dans les livres qu'on écrit, ce n'est pas par méchanceté ou par perversité, c'est pour atteindre une vérité générale. »* Selon Marcel Proust.

Arbre accompagné

Tous droits de traduction, de reproduction, d'utilisation, d'interprétation et d'adaptation réservés pour tous pays, pour toutes planètes, pour tous univers.

Site officiel : http://www.ecrivain.pro

Avant « *Le roman invisible* », il y eut en novembre 2013 « *roman absent des librairies soutenues par Aurélie Filippetti.* » En vain. Il était alors noté :

Avec une ministre de la Culture également écrivain, la France expose au monde son exception culturelle ?
Aurélie Filippetti est effectivement en contrat avec une maison du groupe Lagardère.
Un conflit d'intérêt sûrement plus important que la justice "sociale" : il faut soutenir les libraires !

25 000 points de vente, où la profession libérale auteur-éditeur ne peut décemment réussir à présenter ses livres.

25 000 points de vente, tenus par « les grands distributeurs. »

J'ai expliqué ce fonctionnement dans plusieurs livres, comme j'ai dénoncé l'exclusion de la profession libérale auteur-éditeur du revenu "copie privée" et de la rémunération du droit de prêt en bibliothèque. Indifférence des politiques, des installés, des journalistes. Argent géré par la Sofia, qui refuse ce statut.

Pas besoin de ministère de la censure en France : il suffit de tenir le marché. Les marchands tiennent le marché...

Heureusement, il y a Amazon !

Stéphane Ternoise
Novembre 2013

Comme des montons, les "informés" se rendent en librairie et pensent choisir. Ils ont le choix parmi les produits de l'oligarchie. Peu importe votre décision, les grandes puissances de l'édition engrangent des bénéfices...

Le roman invisible…

Le roman de la révolution numérique explore, englobe notre époque.

Il aborde donc naturellement le phénomène de la critique littéraire devenue une arme de communication entre les mains des grands groupes, de l'industrie culturelle.

La Révolution Numérique, c'est une possibilité pour les créateurs de conserver les droits de leurs œuvres, de pouvoir proposer sans devoir s'en référer aux notables installés dans des fauteuils encore plus confortables que ceux de la censure.

Ils confisquent l'argent, les honneurs, le soutien des femmes et hommes politiques (qu'ils publient)... Donc les abondantes subventions de notre « exception culturelle. »

Les auteurs obtiennent des miettes mais peuvent bénéficier de bourses et autres avantages. Nécessité d'être bien vu !

Toutes les oligarchies craignent les révolutions. Tout le monde a raison de craindre les révolutions… car si l'idée de justice sert le plus souvent de détonateur, des groupes parviennent rapidement à se les approprier en gardant les mots, vidés de sens. Mais quand une minorité détient tous les pouvoirs, "le peuple" peut réagir... sauf s'il est bien tenu en laisse. Manipulation des masses.

Le danger de la Révolution Numérique existe à notre époque ! Elle ne ferait pas forcément le bonheur des écrivains mais la mainmise des marchands est telle qu'un tsunami semble préférable…

Donc "*Le roman de la révolution numérique*" fut logiquement invisible.

Avec quelques explications supplémentaires (dont une magnifique interview de Philippe Sollers !), une nouvelle tentative pour sauver ce sixième roman... Un roman ne vit que par ses lectrices et lecteurs…

Janvier 2014

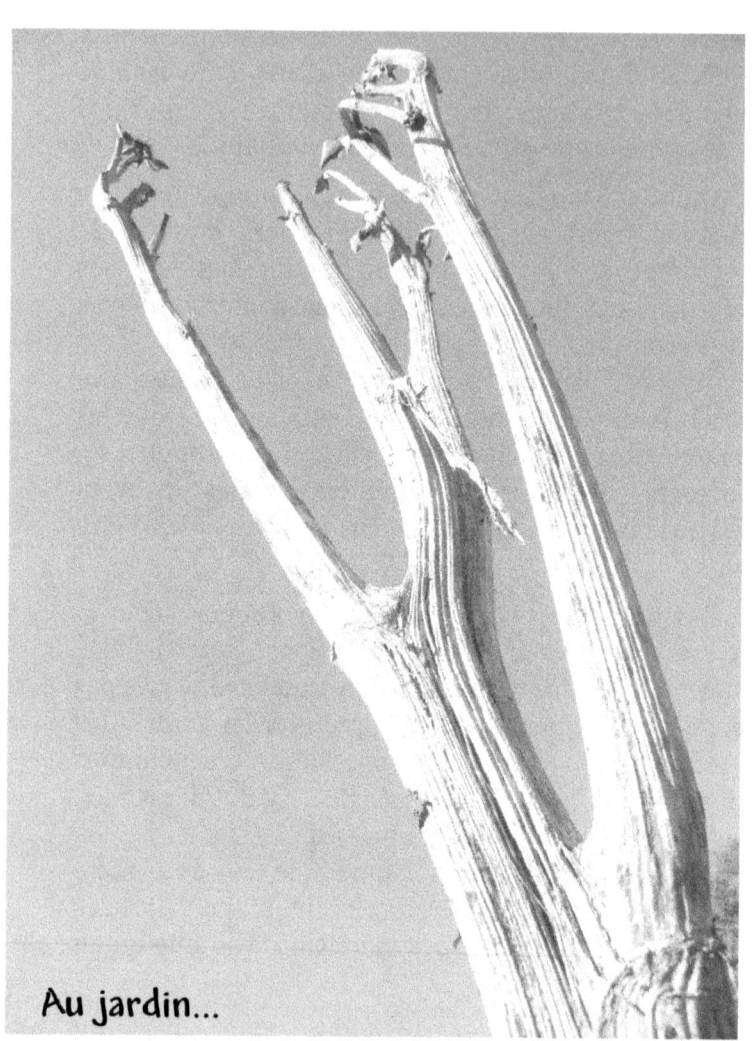

Au jardin...

Sur le site Internet des *Inrocks*, notée du 25 juillet 2013, une interview édifiante « *de l'éditeur Philippe Sollers.* » Un document sûrement également publié en papier.

« *Figure majeure du milieu littéraire français depuis plus d'un demi-siècle, Philippe Sollers est l'un des rares à avoir réussi l'équation périlleuse d'être à la fois écrivain et éditeur.* »

« *A la tête de la collection L'Infini chez Gallimard depuis vingt-quatre ans, et de sa revue éponyme, Philippe Sollers s'est imposé comme un découvreur d'auteurs (Cécile Guilbert, Régis Jauffret, Emmanuèle Bernheim, Catherine Cusset...) qui ont fait leur chemin depuis. Aussi exposé qu'amoureux de l'ombre et de sa poésie, Sollers, né en 1936, raconte aussi la revue Tel Quel, Barthes et Lacan, Bataille, tout en décrivant son parcours d'éditeur.* »

L'interview débute par :
« *- Quand et pourquoi êtes-vous devenu éditeur ?*
Philippe Sollers : *Quand je me suis rendu compte, après avoir eu un très grand succès* (avec Une curieuse solitude, 1958 – ndlr) *très jeune, à 22 ans – ça me paraissait très suspect -, qu'il fallait infiltrer le système de la publication. Bien m'en a pris car je peux dire aujourd'hui que si je n'avais pas joué ce jeu, d'abord au Seuil puis chez Gallimard, je ne suis pas sûr que je serais encore publié. Donc je m'auto-édite.* »

C'est presque suffisant. Tout est dit. L'auto-édition peut donc se pratiquer par infiltration ! Je le savais forcément... Merci Sollers !
Pourtant, il ne faut pas louper la suite :
« *- Pourquoi continuez-vous à être éditeur ?*
- Parce que cela me maintient dans un dialogue permanent avec d'autres auteurs et que cela m'intéresse beaucoup de voir comment la transmission de la littérature s'opère malgré tout. Je fais de l'édition pour aider des gens plus jeunes, car les plus intéressants ont entre 22 et 32 ans, après c'est pourri. Le seul miraculé du système, c'est Jean-Jacques Schuhl. »

Analyse discutable… Qu'il convient de resituer : il scrute naturellement son monde des édités : « *aider des gens plus jeunes, car les plus intéressants ont entre 22 et 32 ans, après c'est pourri. Le seul miraculé du système, c'est…* »

Il devrait plutôt en conclure que son système est pourri car il détruit très rapidement les bonnes volontés ! Ce ne fut pas le cas, on peut le lui pardonner car il est déjà d'une audace rare… l'audace de ceux que même une sanction ne peut plus atteindre (il est né en 1936… zut comme Martin Malvy… et Jacques Mesrine !) ; le système s'arrangera pour noyer ces propos parmi tant d'autres… rendre invisible par l'abondance… La conclusion atteindra néanmoins le même niveau d'intérêt que l'incipit :

« - *Que pensez-vous de la critique littéraire aujourd'hui ?*
- *Elle n'existe pratiquement plus, pas plus que la presse littéraire dans son ensemble. Moins il y a de littérature, moins il y a de critiques littéraires, et plus la tyrannie peut s'exercer. Et puis il y a l'incestuosité du milieu. C'est sociologique. En France, l'identité sociale domine tout. La lutte des classes reste une spécialité, aujourd'hui plus que jamais. Le système de publication des journalistes a été mis en place au début par Françoise Verny, chez Grasset, dans les années 70. C'était très simple : selon elle, si les journalistes écrivent des livres, les journalistes rendront compte des livres qu'écrivent leurs confrères, et ainsi de suite. Et la planche à billets était prête.* »

Elucubration d'un vieil homme ? Schéma corroboré par d'autres confidences…

Mardi 13 août 2013, *France-Inter*, fin de matinée, "*le septante-cinq minutes*" où Charline Vanhoenacker et Alex Vizorek reçoivent Eric Naulleau, visiblement, selon eux, le critique littéraire le plus important du pays…

Intéressant, pour un écrivain ne regardant plus la télévision depuis 1993...

En conclusion d'un extrait d'une émission suisse qui observait la France, la présentatrice précise « *Laurent, attaché de presse indépendant… il a osé dire ce qui ne se dit pas toujours.* » C'était : « *Les journalistes à Paris sont devenus des marquis et des marquises. Le problème c'est que tant que les journalistes seront eux même des écrivains, le copinage il existera toujours.* »

Eric Naulleau enchaîne : « *à la télé y'a presque plus de critique, et que de la promo... y'a quelque chose à réformer... ce qu'on fait passer pour de la critique, c'est simplement un service promotionnel.* » Plus loin : « *c'est un milieu incestueux, vous allez avoir toutes les formes de copinage possible et c'est vraiment le règne du réseau, hors le réseau pas de salut. Vous avez des tas d'auteurs dont l'existence ne tient qu'à leur réseau.* »

Charline découvre l'édition (plus tard elle intronisera un nouvel éditeur, « *broché* ») : « *y'a des auteurs qui écrivent des livres, qui sont aussi jurys dans les prix littéraires donc là c'est déjà peut-être un peu limite parce qu'on est quand même dans une maison d'édition et puis on doit en juger d'autres, qui ont aussi leur propre émission et qui ajoutent peut-être une chronique dans la presse alors là on arrive avec différentes casquettes...* »

Eric : « *je reçois dix livres en moyenne par jour... J'ai lu un livre qui va paraître à la rentrée, d'un critique multicarte et très talentueux, Arnaud Viviant, qui travaille avec moi... Il a une expression pour l'endroit où il stocke tous les services de presse, ça s'appelle "Le Couloir De La Mort"... ce sont des centaines de livres qui s'accumulent et humainement c'est pas possible d'en venir à bout... On se dit celui-là j'aimerais bien le lire et il va être enterré sous les envois du jour... La surproduction est un problème mais regardez ce qui va se passer, et je vous invite à le vérifier lors de la prochaine rentrée littéraire, il va y avoir 600 ou 700 livres j'ai pas le chiffre exact, y'en a disons 20-30 qui vont vraiment tirer leur épingle du jeu, il va y avoir une deuxième division qui va concerner 20-30 livres et la plupart des livres ne seront jamais recensés.* »

« Alex : - *Est-ce que le vrai métier, il est pas là, c'est d'aller sur les dix livres que vous recevez par jour trouver celui de l'auteur qu'on ne connaît pas et de dire "celui la* est bien." Plutôt que de dire "le Nothomb de cette fois-ci, il est bof" ?

Eric : - *Moi, j'essaye de faire les deux, c'est-à-dire, je vais chercher dans les coins parce que j'aime bien les littératures excentrées, excentriques mais ça m'est arrivé de traiter Nothomb ou des best-sellers parce que sinon y'a jamais de contre-parole critique, y'a jamais un mauvais article sur Nothomb, le plan promotionnel marche à plein donc faut que de temps en temps il y ait une contre-parole critique... »*

Mais non, monsieur Naulleau, la contre-parole critique fait partie de la promo, et prend la place d'un article sur Ternoise !

Ainsi Pierre Jourde, dans *La littérature sans estomac* (2002) résumait : « *Certains organes littéraires ont une responsabilité dans la médiocrité de la production littéraire contemporaine. On pourrait attendre des critiques et des journalistes qu'ils tentent, sinon de dénoncer la fabrication d'ersatz d'écrivains, du moins de défendre de vrais auteurs. Non que cela n'arrive pas. Mais la critique de bonne foi est noyée dans le flot de la critique de complaisance. On connaît cette spécialité française, qui continue à étonner la probité anglo-saxonne : ceux qui parlent des livres sont aussi ceux qui les écrivent et qui les publient.* »

Le 9 mars 2007, dans *Le Monde*, dans un article de soutien aux libraires, Baptiste-Marrey (noté écrivain), n'hésitait même pas à reconnaître : « *les grands groupes publient, distribuent, vendent et font commenter favorablement les titres qu'ils produisent.* » Normal, il publiait dans *le Monde* ! Normal ? C'est tellement banal, entré dans l'inconscient collectif, qu'ils peuvent le reconnaître au détour d'une phrase, sans susciter d'indignation, sans même se rendre compte de l'énormité de l'aveu qui les discrédite plus que nos commentaires. Mais ils continuent, continueront sûrement tant que leurs publications s'écouleront.

Autres aveux remarquables : « *Tout dépend de la maison d'édition dans laquelle vous êtes édité, et du travail fait en amont par les attachés de presse auprès des journalistes et des jurés littéraires.* » Alain Beuve-Méry (petit-fils du fondateur du *Monde*… où il suit l'édition)

Tout ce petit monde se tient par la barbichette (ou ailleurs si plus d'affinités) et en tire quelques satisfactions… « *Il [Jean-Marc Roberts] n'est pas très fier de la manière dont, chaque automne, il magouille pour que ses auteurs obtiennent des prix.* » reconnaissait Jérôme Garcin peu de temps avant la mort d'un des patrons d'une maison Lagardère. Parfois, faire le larbin pour l'oligarchie devient insupportable. Certains craquent quand tout a déjà craqué à l'intérieur, d'autres suivent une ligne éthique… invisible… Pourtant, il arrive un jour où un créateur « en marge » peut rencontrer un vaste public… quand des routes se croisent… nul ne maîtrise ces paramètres… Peu connaissent cette satisfaction… de leur vivant…

Comme un écrivain indépendant

Passer de l'autre côté ?

Stéphane Ternoise

Le Roman
de la
Révolution numérique

Hors Goncourt 2013

Kader Terns, le premier "auteur" français ayant annoncé des ventes numériques supérieures à 10 000 sur Amazon. Après son "incroyable succès", le petit caïd du 9-3 était descendu dans le Lot pour m'y rencontrer. Je devais rédiger ses mémoires, statut peu glorieux du nègre. Il faut bien bouffer !

Kader Terns, le « *météorite du livre numérique, disparu dans d'affreuses circonstances.* » Un journaliste lotois osa même « *en découvrant un paradis insoupçonné, le charme sauvage et pittoresque de nos coteaux du Quercy, l'inclassable auteur du 9-3 ignorait les dangers du béton, qui guettent tout néo-rural souhaitant restaurer l'une de nos belles demeures abandonnées.* »
Vos médias s'en délecteront bientôt : Kader fut broyé, son assassin présumé s'est suicidé, sa complice potentielle clame son innocence derrière les barreaux et moi, qui devais tenir le rôle peu glorieux du nègre de l'autobiographie du « jeune et talentueux écrivain choc de l'année 2011 », j'hésite à la croire tout en redoutant de rapidement me retrouver soupçonné...
Dois-je laisser "éclater l'affaire" ou puis-je raconter comme j'en avais l'intention quand la version de l'accident me sembla aussi stupide qu'évidente ?

Mais tout ceci, c'était avant. Avant que tout s'accélère et m'aspire dans le tourbillon...

Le sixième roman

Un roman policier, un roman d'amour ? Certes une intrigue policière, des morts, des meurtres, de la vengeance, des femmes, des hommes, des couples, des amants, des trahisons, Aubervilliers, le Quercy. Mais il s'agit d'un « véritable roman littéraire », bien plus exigeant que les textes habituellement classés en « romans policiers », qui plus est depuis la déferlante numérique... Ni bluette ni hémoglobine road : roman !

Donc un livre susceptible d'intéresser un large public ou rester invisible faute de réel ancrage dans un genre précis ! Le sixième roman, ès qualité d'écrivain toujours inconnu du grand public, indépendant par convictions depuis 1991. Quatre ans après *"ils ne sont pas intervenus"*, repéré en numérique sous le titre *"peut-être un roman autobiographique."*

Présentation

Vie, gloire et disparition d'un OVNI de la littérature française, Kader Terns.
Il faut l'oser, le terme "littérature", dans son cas. Mais il fut tellement employé ! Littérature numérique, postmoderne, brute, d'après le roman, de banlieue, de tablettes, décomposée, rappée, bloguée, néo-impressionniste, irrésumable, dans toute sa cruauté...

Après son "incroyable succès", le petit caïd du 9-3 était descendu dans le Lot pour m'y rencontrer. Je devais rédiger ses mémoires, statut peu glorieux du nègre. Il faut bien bouffer ! Surtout quand on vit avec une femme qui se croit obligée d'envoyer cinq cents euros par mois à Djibouti. *"Comment je avoir été meilleure vente Amazon Kindle"*, il tenait absolument à ce titre.

Ni lui ni moi, lors de cet entretien banal et bâclé, n'aurions pu imaginer que nos vieilles pierres, nos sentiers et notre calme s'incrustaient en lui au point qu'il revienne y restaurer une ruine. Nadège, il l'avait piégée, elle l'a suivi...

Kader et Nadège, Amina et moi : le bonheur à la campagne... Il n'en fut rien !...

Je n'ai rien d'un enquêteur et c'est uniquement par sentiment de vengeance (peu honorable, oui, d'accord...) si j'ai cherché une sombre histoire derrière un stupide accident.

Nadège et le fils de Carlo ont avoué. Quand débutera le "grand procès", les médias se jetteront sur l'affaire, qu'ils ignorent totalement. Pauvre Kader, déjà oublié, forcément remplacé. « *Il a suscité de nombreuses vocations...* »
C'est tellement inattendu, insoupçonnable. Pas une fuite, même dans leur *Dépêche du Midi*. Eu égard à mon décisif apport, l'inspecteur se croit tenu de m'informer, naturellement en off. Peut-être uniquement car sa résidence secondaire n'est qu'à douze kilomètres. Si je laissais tranquillement faire, j'aurais sûrement droit à une légion d'honneur, avec au moins Christiane Taubira à Montcuq, peut-être même François Hollande. L'état, même socialiste, a besoin de héros ! Surtout dans le sud-ouest ! Ils sont tous tellement impressionnés par mon sens de la justice... je n'allais quand même pas leur raconter comment Carlo a bousillé mes dernières illusions d'Amour en 2010...

Machine judiciaire et univers médiatique m'en voudront sûrement de les devancer, en balançant les clés qu'ils auraient pris tellement de plaisir à dévoiler au compte-gouttes. Je suis écrivain. Qui plus est j'ai besoin d'écrire, après deux années de blocages, en lecture comme écriture. J'ai besoin de publier, faute d'une bourse d'écriture de la région. À chacun son boulot, son exutoire, son combat. Je suis sûrement plus doué pour raconter ma vie que pour la vivre... Un Amour béton... Lequel ? Amina et moi ? Nadège et Kader ? Dix-neuf jours Nadège et moi avons également pensé posséder la formule magique…

Enfin, c'est ce que j'ai cru, à un moment, encore récemment, quand ce récit était quasiment achevé. Mais tout va si vite, parfois.

Il faudrait tout raturer ? Tout réécrire à chaque fois que la vie rééclaire le passé ? Comme les autres, je me suis laissé emporter…

Avec dans les rôles principaux...

Kader Terns, a signé "*la vraie vie dans le 9-3*", best-seller numérique.
Nadège, sa compagne.
Stéphane Ternoise, peut-être le romancier.
Amina, sa compagne.

Marcel Hanin, vieux voisin.
L'inspecteur Delattre.
Sabine, mère de Nadège.
Le notaire.
Jan Jongbloed, artisan local.

Pablo, ex de Nadège.
Carlo, père de Pablo.
Anaïs, "correctrice" de "*la vraie vie dans le 9-3.*"
Kagera, meilleure amie d'Amina.
Bertrand, ex mari d'Amina.

Adam, frère aîné disparu de Kader.

Egalement publié en numérique sous le titre « *un Amour béton.* »

I Kader

I-A

Personne ne l'a contredit, Kader Terns, le premier "auteur" français ayant annoncé "*j'ai vendu 10 000 ebooks sur Amazon.fr*". Un petit caïd du 9-3, entré dans le jeu sans le moindre souci littéraire, juste par défi, et finalement "nous" passant devant, nous qui avions tant espéré et rêvé quand le géant américain ouvrit enfin sa boutique numérique, commercialisa son Kindle dans l'hexagone. L'espoir d'une révolution numérique.

- T'es louf, j'aurais balancé au marabout qui m'aurait prédit que littérature et bétonnière allaient rentrer dans ma vie ! Je ne lui aurais même pas offert une bière !

Tout ça pour Nadège, finalement. Cherchez la femme derrière la vie des hommes... Sauf chez les homos, ça va de soit... aurait sûrement ajouté Brassens... et encore !, aurait-il peut-être précisé... Plus tristement : la femme n'est parfois qu'un objet de standing...

- La littérature, c'est comme la délinquance : faut savoir s'organiser. Un vrai chef, des potes dévoués, et chacun suit le plan. Les initiatives qui s'excusent ensuite d'un timide « *je croyais bien faire* », tout le monde doit s'être bien enfoncé dans la tête, qu'il n'aura pas l'occasion de recommencer, l'écervelé coupable d'une malencontreuse bévue...

De son "autobiographie", Kader en a simplement connu ces trois phrases. Insatisfaction totale, presque jusqu'à la rupture de contrat !
- Nadège me l'a lu, le début, de ton truc. Je lui ai dit « *arrête, donne-moi ça, il faut que je lui en cause.* » J'ai des doutes, mec. C'est trop différent de "*la vraie vie dans le 9-3.*" Anaïs avait su revoir mon texte sans le déformer, comme elle disait. Elle m'avait également lu son premier paragraphe, et tout de suite j'ai su que c'était bon « *O.K., nickel, c'est exactement ça* ». J'avais pas eu besoin de

perdre des heures avec le reste. Mais toi, tu déformes tout, ça se voit tout de suite. Tu veux faire ton écrivain ! Tu comprends, merde ? C'est fini, votre littérature de papier, les gens veulent que ça clashe.

Encore aujourd'hui, je reste bien incapable d'expliquer ce qu'il entendait par une littérature qui clashe. Mais il adorait cette expression « que ça clashe » ! Je lui avais déjà demandé le rapport avec "Clash" mais il n'avait jamais entendu parler de ce groupe.
« - Que ça clashe, tout le monde comprend !
- Un clash, oui. Mais la littérature qui clashe ?
- Tu comprendras quand tu auras vraiment commencé à écrire !
- J'aime bien comprendre les choses que j'écris.
- Chacun comprend à sa façon un livre, c'est Anaïs qui le disait, donc c'est vrai ! T'es pas d'accord ?
- Naturellement, mais l'auteur doit également maîtriser son style, surtout quand il est au service d'une star.
- T'inquiète pas mec, si ça clashe pas, je m'en apercevrai tout de suite. »
Inutile de revenir sur la définition du terme. Peut-être du "moderne", pompeusement appelé « pulp » par d'autres, sans exigence d'avoir lu Charles Bukowski, encore moins Céline…

J'étais là, devant lui, sans la moindre idée traduisible en mots. Même avec le recul, aucune réponse adaptée ne me vient. Face à mon silence, sûrement considéré comme celui d'un lieutenant fautif, il a sorti de la pochette droite de son bleu de travail une feuille blanche pliée en huit, l'a tranquillement posée sur la table en teck, utilisant son coude droit pour l'aplanir... Puis débuta la lecture d'un mauvais élève de CM1 :
- *"La littérature, c'est comme la délinquance : faut savoir s'organiser. Un vrai chef, des potes dévoués, et chacun suit le plan."* Jusque là OK, ça passe encore, c'est la réalité. J'aurais pas dû la laisser continuer. Car attend, *"les initiatives qui s'excusent ensuite d'un timide"*, tu me vois, tu m'imagines, lors de l'adaptation au cinéma, sortir des

âneries pareilles ? Et ton *"l'écervelé coupable d'une malencontreuse bévue"* ?

Je connaissais naturellement cet incipit : dans sa bouche *"écervelé"* et *"malencontreuse"* furent totalement incompréhensibles. Quelque part j'avais pitié, pour lui mais également pour la littérature, ces journalistes, blogueurs, chroniqueurs, twitteurs, facebookeurs qui s'étaient crus obligés de conseiller l'achat de "son" ebook, certes sans l'avoir lu, uniquement pour sa présence en tête des meilleures ventes, le plus souvent avec un lien d'affiliation et uniquement quelques mots modifiés par rapport à la présentation officielle copiée collée. Tout le monde veut sa part du gâteau ! Quelques centimes de commission ou un clic sur une pub google adsense. Je ne pouvais même pas me mettre en colère ni lui répondre. J'avais juste besoin du fric de cette prestation d'écriture. J'ai même pensé "s'il m'emmerde, je lui griffonnerai du charabia comme sa vie du 9-3 et basta !"

- Tu déformes, comme disait Anaïs, tu comprends ? Tu fais du truc de prof. Je suis certain que ça doit plaire à ton Amina-les-belles-phrases. Même son mioche elle veut qu'il cause comme un intello ! Il tiendrait pas huit jours dans un vrai bahut ! Je t'ai embauché pour que ça ait de la gueule, pas pour faire du Ternoise. C'est moi qui paye ! C'est mon nom qui sera à la une. Chez Amazon, ils m'attendent, je suis leur écrivain vedette. Je ne t'ai pas demandé une rédaction style Louis XVI, on est en 2012 !

C'est sûrement sa référence à ma compagne qui déclencha malgré tout une réponse. Ou son « *rédaction style Louis XVI.* » J'ai failli éclater de rire. Oui, sûrement est-ce pour retenir cette réaction spontanée, qu'il aurait mal interprétée, que des phrases anodines sont venues. Il était parfois tellement drôle sans le vouloir, en shaker mélangeant tout et n'importe quoi, sans se soucier de l'apparence ni du goût du charabia obtenu.

- Je te rassure : ça n'a rien à voir avec ce que t'écrirait Amina. Si tu veux, tu la prends à l'essai ! Elle a toujours prétendu qu'elle écrirait des livres mais il ne faut jamais la croire !

- Ça va de plus en plus mal entre vous ?

- La grande dérive !... Depuis que je sais ce qu'il s'est réellement passé à Addis-Abeba, finalement tout le reste fut dérisoire... Quand tu caches l'impardonnable puis que tu le maquilles, le jour où il est découvert, tu peux donner tout l'amour de la terre, on sait très bien que c'est uniquement pour te faire pardonner... Tu sais, Anaïs avait 15 ans. Et même si elle a réalisé un boulot remarquable pour une fille de cet âge, tu m'as demandé une autobiographie, quelque chose qui se lira vraiment, qui restera.

- Oh, après tout, je ne veux pas t'ajouter des problèmes supplémentaires, tu sais ce que tu fais, sûrement, et j'en ai plus rien à foutre de ces conneries de livres.

Il souriait, observait l'effet de sa conclusion, en acteur qui surjoue toujours. Je me demande bien quel air il a pu me trouver. Je pensais à ma chère Amina, à Nadège, mes difficultés avec les femmes, cette succession d'échecs. Je voulais simplement abréger cette conversation, retraverser la forêt, attendre 14 heures. Qu'il me laisse écrire tranquillement son inutile récit ! Il enchaîna :

- Ce qui me botte, c'est retaper cet endroit et que Nadège me fasse le plus beau des gosses... Je l'aime, oui je comprends ce que ça veut dire, aimer quelqu'un, vouloir être heureux, et elle m'aime. Je me suis rangé. De tout (il sourirait). Enfin presque ! (Nadège m'avait confié sa livraison à Toulouse, ses cinq cents billets de cent euros de bénéfices). C'est bizarre, on se connaît depuis peu mais y'a qu'à toi que je peux me confier comme ça. Alors, place aux jeunes ! Pour moi, tu vois, j'ai trouvé ce que je cherchais dans la délinquance : le fric pour me payer ce petit coin de paradis au soleil, pour y vivre peinard avec une superbe nana. Je ne l'aurais jamais cru mais c'est ce silence que j'aime. J'ai l'impression que les oiseaux me parlent. J'ai gagné assez pour vivre tranquille jusqu'à la retraite. Je m'en fous de l'esbroufe, finalement, la Mercedes pour narguer les flics, les kalachnikovs dans les caves, ce genre de trucs, qui te font rêver quand tu as douze ans et que ton grand frère pour la première fois te laisse le suivre. Tout le monde devrait avoir cette ambition d'un coin tranquille pour y vivre sans se prendre la tête. Boire de bonnes bières, manger du foie gras et de la brioche, baiser et s'endormir sans soucis, qu'est-ce que c'est simple le bonheur.

Parfois il me surprenait ! Confucius réincarné après passage par la case truand ! Un mec sauvé par l'amour ? Mais je savais bien que tant qu'il le pourrait, il resterait un petit caïd fier de gagner en quelques heures ce que les "honnêtes gens" n'obtenaient même pas durant une année. Il avait un nom, une situation, dans "le milieu." Mais l'Amour, oui, peut, un instant, détourner même d'une voie sans issue. J'étais bien placé pour savoir qu'il s'illusionnait sur ce sujet... "comme on s'illusionne tous", pensais-je une énième fois. L'état réel de son couple me renvoyait à mes propres blessures, incohérences, ce séisme quand la sainte laissa entrevoir sa tunique de femelle sans scrupule sous ses habits de musulmane donc intègre, fidèle, douce et tout le baratin dont elle m'avait abreuvé, surtout par mail et skype il est vrai...

C'était un mardi, le 3 avril, 2012. Vers 10 heures. La bière vidée, j'ai retraversé la forêt. Il me reste en tête la drôle d'idée passée durant les dernières gorgées : « avec la baguette magique de ma grand-mère, la solution serait rapide ». Je me suis souvent demandé depuis, s'il me fallait revisiter ma vie avec une telle possibilité de tout arranger, s'il me faut tout bloquer, "oublier", assumer en le réécrivant, pour débuter un "nouveau livre", une autre vie, sans le poids du passé qui semble m'entraîner à revivre les "mêmes enthousiasmes", les "mêmes échecs", naturellement avec des apparences différentes au quotidien. Et je ne l'ai plus revu, Kader. J'allais écrire "je ne l'ai plus revu vivant." Mais puis-je vraiment considérer ce que j'ai vu le lendemain comme "un jeune homme mort" ?

Je n'ai rien enregistré, je notais. Pas l'envie de devoir réécouter un tel baragouinage. Cinq minutes de son charabia, je les traduisais le plus souvent en quelques mots français sans « que ouais », « yeah », « tu vois », « tu m'suis »... Aujourd'hui, je suis bien incapable de retrouver la moindre de ses vraies explications, si on peut appeler ainsi des mots enfilés les uns derrière les autres, sans verbe, ou alors à la conjugaison incohérente. Il me rappelait Alphonse, de l'école communale mais lui était considéré handicapé, du langage. Mariage entre cousins. Tandis que Kader semble avoir été "le chef d'une bande redoutable", des mecs qui s'exprimaient tous ainsi. « Oui, c'est dramatique, et je ne voyais vraiment pas l'utilité de mon boulot dans un tel milieu ! Ils sont incapables d'une réelle discussion. Kader, c'est un as, par rapport à ses lieutenants comme il les appelle... Des hommes d'une force incroyable avec une expression qui oscille entre le CM1 et celle du truand des séries américaines. J'étais là pour leur réinsertion mais tout aurait été à reprendre depuis l'école maternelle... et pourtant ces mecs-là arnaquent des types avec bac plus cinq qui se traînent presque à leurs pieds pour en avoir de la bonne. Ils roulent dans des bolides comme les happy-few de Neuilly. Ça peut te sembler incroyable mais c'est également la France... je suis tombée là, dans cette cité, quand ma mère a dû vendre notre maison dont elle ne pouvait plus rembourser seule le prêt, après la disparition de son mari ; alors elle a acheté ce qu'elle pouvait... Vu de là-bas, c'était encore le coin des bourges, à deux pas des tours... » (Nadège)

À les écouter, l'impression de grands cayons s'incrustait dans ma tête... et pas seulement entre cette cité et le Quercy.

Un pays fragmenté, où le communautarisme conflictuel finirait par s'installer... J'en avais d'ailleurs les prémisses devant les yeux, dans ce canton de résidences secondaires où régulièrement des bandes venues s'y fondre discrètement étaient démantelées après des dizaines de cambriolages, le plus souvent, heureusement, mais pour combien de temps encore, chez les friqués.

Rentré, je me suis bizarrement assoupi dans le canapé et Nadège, vers 14 heures, m'y réveilla...

La suite de son "autobiographie", il n'en aurait pas plus aimé le style. À vrai dire, je ne l'appréciais pas non plus. Jamais je n'aurais pu créer un tel personnage. Ça m'embêtait cette limite du réel, cette nécessité de "rédiger." Je me faisais l'effet d'un journaliste, un simple interviewer, du genre entretiens de Martin Malvy avec Jean-Christophe Giesbert et Marc Teynier pour un livre inutile mais je l'espère pour eux correctement rémunéré. J'avais lu ce "document" quand le Président du Conseil Régional me fit répondre qu'effectivement je n'étais pas un écrivain pour le Centre Régional des Lettres. Deux euros et dix centimes sur Priceminister, ça ne valait pas plus ce « *Des racines, des combats et des rêves* » qui me servirait à argumenter sur la question de déontologie du grand homme quand il publia une nouvelle contribution chez un éditeur toulousain auquel le montant des aides versées par la région me reste inconnu. Certains interrogent Malvy d'autres Terns, et tout cela multiplie le nombre des livres inutiles au point que les lectrices et lecteurs sont incapables de remarquer tout texte digne de la postérité. Il semble bien exister une volonté de noyer dans la masse tout écrivain refusant de se soumettre au système dans lequel il peut être récompensé s'il accepte de montrer le bon exemple aux jeunes...

- Je ne vais pas vous barber avec des histoires du 9-3, l'essentiel est connu. Un jour j'ai bousculé ce que vous appelez la littérature française, et ça, depuis Céline, ça n'était pas arrivé. Même Michel Houellebecq et Christine Angot, mes chers collègues, n'ont qu'ébranlé le mur du style. Je sais que le pourquoi et surtout le comment de ce truc, ça vous intéresse. Je ne reviendrai donc pas sur ma vie d'avant, sauf naturellement si elle peut vous permettre de mieux comprendre comment je suis passé devant

Gallimard, Grasset, Flammarion et les plumitifs qui avaient préparé un plan bien carré pour gagner à cette grande loterie de la nouveauté numérique. Vous voyez, je connais même les noms de la concurrence, moi l'écrivain indépendant, le KPM, Kindle Publishing Man. J'adore, le KPM, Kader Publishing Magic, fan de NTM, sur la photo avec NKM, yeah !...

"*Même Michel Houellebecq et Christine Angot... n'ont qu'ébranlé le mur du style.*" J'avais souri en le traduisant ainsi. Parfois, ça m'amusait ce job, ça me semblait tellement irréel, ridicule, grotesque. Une remarque de Lucia Etxebarria dans "*Amour, prozac et autres curiosités*" me servait de viatique, de garde-fou : « *Maintenant, je suis serveuse. Au bar, je gagne plus que ce que je gagnais dans ce bureau, et j'ai les matinées pour moi, pour moi seule, et pour moi le temps libre vaut plus que le meilleur salaire du monde. Je ne regrette absolument pas ma décision, et jamais, au grand jamais, je ne retournerais travailler dans une multinationale. Plutôt devenir pute.* »
Si elle avait rédigé en français, aurait-elle utilisé « devenir » ou « faire » ? Marianne Millon, la traductrice, a considéré que dans notre belle langue il convient d'éviter au maximum les "faire" ? Mais "faire" n'est pas être pour de vrai. Le « devenir » de Lucia Etxebarria me semble plus proche de mon faire le nègre, faire la pute littéraire, un ménage.
À faire le nègre, on le devient ? On prend le style, la bassesse de la fonction ? On accepte ce rôle confortable, sans risque et correctement rémunéré ? À livrer une marchandise dont on ne sera pas responsable, est-on écrivain ? Celui qui met le doigt dans l'engrenage finira broyé par le système ? "Nègre une fois, pas deux" fut mon tantra de ces derniers jours d'attente du printemps.
Gagner trois ans de tranquillité en me laissant aller... finalement, dans mon échec, j'avais acquis une certaine notoriété pour qu'un tel plan me soit proposé. De la même manière que je tenais en vendant parfois 250 euros un lien

sur blog-amour.net, à insérer dans un article anodin où doit figurer "site de rencontres" en ancre. La même logique de totale déconnexion entre le travail réel et l'argent obtenu sévit également dans ma marginalité. Bosser deux ans sur un roman pour en vendre 92 exemplaires à 1 euro 99, soit même pas cent euros de recette auteur, ou passer à la caisse des prestations de ce genre… Je me souviens surtout d'une lourde fatigue, qui m'est tombée dessus en retraversant la forêt mais dans ma tête ce sujet tournait : encore un exemple au quotidien d'une logique mondiale ; nos petites vies reproduisent des schémas sociétaux, comme la tyrannie dans un couple rejoue celle d'une société ; chacun à son niveau expérimente des logiques mondiales, ayons le courage de l'admettre ; ce n'est pas nouveau : tandis que Van Gogh croyait en son génie, certains amassaient fortune et reconnaissance en commandes publiques et ventes médiatiques...

Amina souhaitait que je lui confie cet argent, promettant de l'utiliser pour embellir « *notre espace de vie.* » Elle considérait mon refus comme un « *manque de confiance.* » Un refus de plus, après celui de lui octroyer la moitié de la maison dans notre contrat de mariage. Je ne voulais pas devenir musulman, ne voulais pas lui donner une partie de cette modeste demeure pour qu'elle se sente vraiment chez elle, ne voulais pas la comprendre… Alors que le Bertrand, le bon blanc qui fut son mari, dont elle finit par vraiment divorcer début 2011, avait tout accepté ! Et pourtant, nous étions toujours ensemble…

I-C

Ce jour-là, mon brouillon se limitait encore à des séries de déclarations, plus ou moins fumeuses, naturellement francisées, parfois des dialogues. Je prévoyais d'insérer des paragraphes d'explications. Mais cet habillage ne me semble plus nécessaire maintenant qu'il s'agit de ma propre optique, celle du "*roman de Kader*", le regard d'un écrivain, un écrivain inconnu mais réel, n'en déplaise aux Martin Malvy et aux Gérard Amigues de la terre, sur un phénomène éditorial, sur une victime finalement. J'ai eu besoin de relire Paul Auster, ses passages sur le hasard, pour reprendre ce texte. Pourquoi ai-je été embarqué dans cette histoire qui ne me concernait nullement et brusquement m'a assigné un rôle de lien entre des personnes dont la rencontre relevait déjà de l'improbable ? Secousses qui pourraient bouleverser mes convictions ? Certes pas au point de penser qu'un Dieu existe et s'amuse avec moi. Je n'aurais ni cette prétention ni cette faiblesse. Si Amina me lit un jour, je l'imagine bien s'arrêter pour simplement murmurer "il ne changera jamais, même ce signe d'Allah il le rejette par orgueil, sa maudite prétention à se croire supérieur aux autres au point de ne pas vouloir croire en Dieu." Oui, madame la sophiste et ses « *nos pires fautes, Dieu nous les pardonne, quand nous le lui demandons avec une entière humilité. Croire en lui, c'est l'essentiel, c'est ce qu'il te faut comprendre. Nous devons accepter nos fautes, lui demander pardon, et nous engager à vivre désormais dans sa voie. Nous devons nous soumettre à sa puissance... L'important c'est de croire. Et de reconnaître nos erreurs.* » C'est avec ce genre d'arguments que malgré la confession de « *graves fautes de jeuness*e », elle réussit à gagner ma totale confiance fin 2008. Elle avait certes trahi, encore récemment, son mari mais avec moi jamais elle ne commettrait pareille vilenie. « *Croix de bois, croix de fer, si je mens je vais en enfer... Paul Préboist, Gaston Deferre...* », j'avais fredonné une fois. « *Il n'y a pas de croix chez les musulmans* » fut sa réplique. Puis je lui avais expliqué Renaud, qu'elle considéra niveau CM2 en cette occasion. Il n'y comprenait rien à l'amour, le Bertrand. D'ailleurs il avait commis une faute impardonnable en omettant de lui souhaiter leur anniversaire de mariage puis en se justifiant en la comparant à un portable considéré merveilleux à l'achat mais auquel on n'accorde plus grande attention après six ans. Six ans, c'était alors l'âge de leur mariage. Certes elle jubilait déjà avec un amant, c'est ensuite, en relisant ses mails que je l'ai compris. C'était sûrement un autre sujet !

Pour l'heure, en 2008 – 2009, j'étais l'homme parfait, sauf l'indispensable nécessité de ma conversion avant notre inégalable bonheur sous un même toit. Aujourd'hui, je me demande si elle y croyait vraiment en ses belles envolées lyriques ou si elle y recourait pour toujours se donner bonne conscience, faire table rase du passé et jubiler, sans comprendre que l'on puisse lui en vouloir ?

- Comme dans la délinquance, c'est chacun son territoire. Je leur ai laissé les tables des libraires, ils m'ont laissé les tablettes. Ils n'ont pas vraiment réagi à ma percée médiatique. Je ne suis pas dupe, pour eux également, je suis un naze. De toute manière, ils ne m'ont pas lu. Je suis l'opportuniste qui a su profiter du système, le croisement numérique de Djamel Debouze et Michel Houellebecq, j'adore ce titre des *Inrocks*. Dans chaque pays un inconnu réussit à s'imposer. Ça ne change rien au système mais au moins ça permet à quelqu'un de devenir une star. Pour moi, être star dans le pays, c'est une suite logique. Je le suis depuis si longtemps dans la cité. Gamin déjà, j'étais le petit-frère d'Adam le magnifique...

Oui, ce mec qui n'a même pas écrit une ligne de son torchon illisible, conceptualisait, analysait, à l'ombre, devant moi qui avais publié cinq romans et surtout des essais avec finalement des observations similaires, les pensant très iconoclastes... Mais elles n'étaient qu'évidences, et dans mon cas raisonnements purement intellectuels, inutiles, alors que sans grande phrase il avait compris les rapports de force en présence et utilisé la petite ouverture, sans scrupule ni état d'âme, avec en tête un seul objectif : la première place du classement des ventes d'Amazon. Ensuite, les critiques que je pensais indispensables d'obtenir avec la qualité de mes écrits, il les a accumulées uniquement par sa place de leader des ventes. Je l'avais pourtant martelé que nos vénérables chroniqueurs – orthographiant parfois vén(ér)a(b)les - recopient les dossiers de presse, baratinent par simple copinage et ils ont bêtement retranscrit le classement, consacré le "lauréat" ! Le public avait forcément raison.

Vendre c'est gagner ! Exit le jugement critique, le titulaire d'une carte de presse rapporte des faits ! Comme s'il avait le temps de lire des livres !

L'époque ne peut plus nourrir un journalisme d'investigation donc même *Le Monde* s'est adapté au « journalisme d'accompagnement » (quand même plus honorable que « couché »). Au service des installés, de l'oligarchie, les politiques, les géants commerciaux, les sportifs, les artistes. Tous à l'affut des dépêches de l'AFP. Si des électeurs votent pour un candidat, l'honorable notable doit l'accompagner comme il brode sur les grands événements, "analyse" les résultats de Michelin ou Lagardère. Donc dans le domaine littéraire, un professionnel de la réécriture des communiqués de presse. Un rôle essentiel chez les éditeurs : l'attachée de presse, qui ne doit pas hésiter à utiliser des arguments personnels pour obtenir de la surface médiatique.

Vous rêviez de comprendre le monde ? Commencez par personnaliser une dépêche de l'AFP !

Mais tout cela est connu de qui veut le connaître et les autres s'en foutent. J'avais cru utile de le dénoncer alors que les vedettes de ce système le concèdent, balancent parfois au détour d'un article insipide ou, le plus souvent, quand un confrère les interroge, interview audio… Ils ne sont même pas accusés de ne pas savoir tenir leur langue ni de se tirer une balle dans le pied : c'est ainsi, la France est ainsi, on ne peut rien y changer. De toute manière nul n'accorde de réelle attention à ce genre de propos. J'ai cru pouvoir être l'homme du « changement c'est maintenant » mais sûrement suis-je trop dans la sincérité pour que le moindre de mes cris puisse atteindre même quelques milliers d'oreilles.

Plus je l'écoutais, plus je me sentais dégoûté : elles avaient servi à quoi mes analyses désillusionnées sur cet univers médiatico-littéraire ? Ce sont justement ces illusions qui m'ont maintenu aux portes du top 100 ! Ai-je cru au réveil des médias ? Qu'ils fonctionneraient autrement au premier choc de l'ebook ?

Ai-je vraiment cru en la révolution numérique ? Oui, je dois me l'avouer. Alors qu'il s'agit, pour l'instant, d'une simple étape dans la domination par les éditeurs du monde de l'édition, péripétie où les libraires traditionnels disparaîtront mais l'essentiel sera préservé : les grands groupes continueront à tenir les écrivains en tenant les médias. Equilibrisme reposant sur la vanité où les chroniqueurs servent la soupe aux poulains lancés, complaisance leur permettant de figurer dans la grande écurie avec leurs livres inutiles. Les écrivains pourraient calligraphier « stop » sur leurs sites. Les "honorables titulaires d'une carte de presse" pourraient tout stopper. Et pourtant c'est encore, encore, encore…

"*Ils ne m'ont pas lu*" : on ne lit pas la concurrence, on la surveille ! On observe ses méthodes. Oui, il avait compris. Et ne s'était pas embêté avec des questions de style. Seul le titre comptait, ce fut sa trouvaille, enfin même pas, plutôt celle d'Anaïs : "*la vraie vie dans le 9-3*" et il suffisait aux besogneux rédacteurs pour broder, quand ce n'était pas raconter tout autre chose, soutenir ou dégommer la politique du gouvernement ou du précédent. Il a gagné, comme Stéphane Hessel, comme Marc Levy, comme Philippe Sollers, comme Christine Angot, au point que dans une feuille sérieuse, "*Philippe Forest, écrivain*" (il se présente ainsi) puisse chroniquer au premier degré et sans susciter le moindre tir de moquerie, le bouquin "*Une semaine de vacances*" en débutant par : « *À juste titre, on dit souvent d'un vrai roman qu'il est irrésumable, car en rendre compte sous une forme autre que celle que son auteur a choisie revient précisément à défaire ce que celui-ci a voulu faire. C'est particulièrement le cas avec le nouveau livre de Christine Angot.* »
Les mêmes termes analysent très bien l'œuvre de mon ex-employeur : « *À juste titre, on dit souvent d'un vrai roman qu'il est irrésumable, car en rendre compte sous une forme autre que celle que son auteur a choisie revient précisément à défaire ce que celui-ci a voulu faire. C'est*

particulièrement le cas avec le premier livre de Kader Terns. »

"Philippe Forest, écrivain" pouvait néanmoins compléter son grand travail au service du lectorat francophone dans *Le Monde des Livres :* « *Disons simplement qu'*Une semaine de vacances *réécrit* L'Inceste *(Stock, 1999), le plus célèbre des romans de Christine Angot.* » Un roman déjà digne de figurer dans la longue liste des irrésumables où ranger "*la vraie vie dans le 9-3*" s'impose. Un roman sentimental, un roman policier, un roman historique ? Bien mieux que cela, monsieur Utopie : un roman irrésumable !

Ce fut certes l'exigence de James Joyce. Mais il n'est pas nécessaire d'avoir lu *Ulysse* pour prétendre entrer dans ce rayon voué à déborder ! (déjà bien rempli même par les "éditeurs traditionnels")

En consultant cette presse d'accompagnement, je déniche quand même dans *Rue89...* et ce n'est sûrement pas un hasard que ce soit dans un support sans histoire papier même s'il fut englouti par le *NouvelObs...* une référence à Stéphane Hessel : « *comme le vieil homme, monsieur Kader Terns suscite des achats de sympathie, portés par un bon titre et un statut de symbole inattaquable, consensuel. Certes, de l'ancien résistant au jeune quasi-délinquant la distance est bien plus grande que de Matignon à l'Elysée mais l'un et l'autre représentent des stéréotypes, ces cases qu'affectionne tellement notre société dans son besoin de repères depuis la disparition ou radicalisation des religions et la chute du communisme.* » Signé Jean-Christophe Marion. Des raccourcis contestables mais un rapprochement louable.

« - Peu importent les méthodes. Les éditeurs n'aiment pas qu'on aille fouiner dans leurs affaires, que ce soit l'Europe ou le gouvernement américain sur une possible entente sur les tarifs ou les prix littéraires. Ils n'ont donc pas cherché, officiellement, à comprendre comment le p'tit mec du 9-3 a grillé les milliers d'auteurs plus ou moins littéraires qui se sont lancés dans cette grande loterie, cette course à la gloire que fut l'arrivée du Kindle en France. Je sais bien, Stéph, que tu aurais nettement plus que moi mérité d'être l'écrivain de la révolution numérique. Nadège le prétend. Il paraît que t'écris nettement mieux que son ex, qui n'était qu'un scribouillard prétentieux comme elle m'a dit, si ça peut te faire plaisir. Paraît que les vrais écrivains vivent surtout de compliments !

- Pourquoi, elle m'a lu ?

- Eh oui, c'est elle qui a acheté l'unique exemplaire que tu as vendu ! Mais non, je rigole, Stéphane... Ça te va très bien le rôle du romancier inconnu, peut-être que pour tes 70 ans tu auras une juste récompense de ton talent, "une juste récompense de ton talent", ça t'étonne comme expression mais c'est encore de Nadège. Mais elle est comme toi, elle n'a rien pigé à la logique de cette grande loterie : la qualité, c'est has-been, le style je t'en parle même pas ! D'ailleurs, même avant moi, ce que lisent les gens, ce sont des traductions vite faites, Harlequin et compagnie, parce que les américains savent raconter des histoires. Les gens veulent des histoires qui les sortent de leur quotidien. La qualité, votre qualité, ce n'est plus qu'une marotte pour des académiciens qui n'ont rien à dire donc prétendent que le style fait l'œuvre !

- J'avais compris mais je n'ai pas eu le culot d'en tirer les bonnes conclusions.

- En fait, tu as eu peur qu'écrire un livre de merde, complètement louf, ça te poursuive toute ta vie ! Alors que moi, ils peuvent dégommer mes phrases prétendues incompréhensibles, je m'en fous, et en plus ça n'empêche pas les gens d'acheter car s'ils me trouvent à côté de la plaque, ils n'oseront plus l'avouer, car l'avouer ce serait reconnaître leur jugement bourgeois, leur incapacité à comprendre la banlieue, donc le monde actuel. C'est comme votre vieille chanson française et le rap. Vos vieilles radios ne voulaient pas en entendre parler du rap, comme vos vieux libraires refusent le numérique. Résultat, les gens ont voulu du rap, ils l'ont eu et Joey Starr a détrôné Cabrel Goldman et Tino Rossi. »

Nadège lui lisait tout ce qui paraissait sur lui, il adorait regarder les photos et les titres. Il cachait derrière la désinvolture un réel problème de lecture. Peut-être en souffrait-il, finalement. Il lui demandait toujours son avis avant de m'en parler. Nos expressions, englouties dans son immense shaker, ressortaient de manière aléatoire sans la moindre conscience visible de les replacer devant leur auteur. Ce qui dénote au moins un réel intérêt pour ce sujet et notre place dans sa vie. Rien d'étonnant, certes : télévisions, radios, web et proches constituent pour la majorité un réservoir à expressions et idées-reçues... Mais passé le stade du sympathique, cette méthode shaker sombrait dans le risible.

Pourtant, il ajoutait souvent une touche personnelle, une logique implacable. Il expliquait ainsi facilement mon échec. Mais ses propos ne m'étaient d'aucun service : je continuerai à croire en la littérature, même dans un monde qui ne la mérite pas. Car finalement, Milan Kundera, Philip Roth, Paul Auster, Philippe Djian sont lus... et tant d'autres ne sont qu'achetés. Comme un pro devant un amateur, un boxeur face à un sac, il me balançait :

- Ton problème, c'est que tu as voulu faire de la littérature, tu as réfléchi à tout ce folklore, à comment séduire un lectorat et des médias, alors qu'une seule chose est importante : comment arriver en tête du classement. L'argent amène l'argent, les ventes amènent les ventes. Tu es comme les autres : tu ne sais pas analyser une situation et y répondre comme si ta vie en dépendait. L'école de la rue, tu vois, c'est ça qu'elle t'apprend : comment gagner. Car si tu perds, t'es un perdant, tu vois, comme toi ! Et tu le restes toute ta vie.

Les chroniqueurs auraient pu lui accorder une once de Bernard Tapie : gagner !

« - Je me doute bien qu'ils ont employé leurs fouineurs pour assimiler ma méthode dans le but de la reproduire à plus grande échelle. Moi aussi, j'ai observé les grands frères avant de devenir le boss. Et j'ai compris leurs erreurs. C'est pourquoi tu me vois ici, vivant. Et si je me confie à toi, je te montre même quelques faiblesses, c'est parce que t'es un mec différent, hors-jeu. M'en veux pas, mais t'es hors du jeu et même un peu hors-jeu, tu n'arriveras sûrement à rien car tu n'es pas prêt à accepter le monde tel qu'il est. Pour le dominer, le monde, il faut d'abord le comprendre et accepter de ne pas chercher à le changer. Juste en profiter. Ce n'est pas moi qui ai créé la banlieue, je suis juste arrivé là, j'ai observé et j'ai décidé d'être le patron. Alors que toi, tu voudrais changer le monde de l'édition, rien que ça ! Les révolutionnaires ne deviennent jamais riches ! Et c'est quand ils sont morts qu'on les glorifie. Même les bobos portent le tee-shirt du Che Guevara. Après ma mort, on peut m'oublier ! Moi ce que je veux c'est vivre dans le présent ! C'est parce que vous n'arrivez pas à réussir dans le présent que vous nous sortez des phrases du genre « l'histoire saura reconnaître mon talent ! » Foutaises que tout ça ! Faut que ça clashe ! Ça t'embête que je me serve toujours de toi comme exemple ?

- Il y a sûrement une part de vérité dans la manière dont les gens nous considèrent. Nous avons trois identités, celle dont les gens nous habillent, notre réputation, celle que nous croyons avoir et la notre réelle. Je crois que personne n'atteint vraiment l'état de grâce où il se ressent et se voit tel qu'il est vraiment.

- Tu m'expliqueras ça un jour en français, ça m'a l'air intéressant ! Mais je reviens à nos éditeurs. Pour eux, l'important n'est pas d'être le premier à avoir une bonne idée mais de parvenir à en tirer le maximum ! Alors que même le côté financier, je m'en foutais. Qu'est-ce que j'aurais fait avec deux mille, cinq mille ou même dix mille euros ? Je ne suis pas le seul à avoir essayé de magouiller ! Mais les autres ont manqué d'audace, de cohérence, et surtout d'entrainement au combat. Certains se gargarisaient de trois minutes à la télé ou 12 jours dans le Top 100. Il fallait un gagnant, il ne pouvait y avoir qu'un gagnant, « *un Amanda Hocking français* », toujours nos *Inrocks* dixit. Vous avez analysé ça, être l'Amanda Hocking français, vous avez même essayé de reproduire son cas mais vous aviez tout faux. Nous ne sommes pas aux states, la France n'est qu'un petit pays, que ce soit pour le trafic de drogue ou la lecture. Même le fric, il ne fallait pas y penser, mec ! Ni le fric ni le style, rien que le top du classement ! Et j'ai raison, on parle de réussite pour moi et d'échec pour toi. Pire, personne ne s'intéresse à ton échec ! »

J'aurais pu me lancer dans des analyses plus complexes, lui rétorquer que lui comme moi on cherche des solutions individuelles alors que Lagardère, Gallimard et les autres réfléchissent en terme global. Ils souhaitent un monde où les écrivains se retrouvent obligés de leur abandonner la plus grande partie des revenus de leur travail. Ils s'en foutent même que quelques marginaux réussissent après des années de combats, ou par hasard, à s'en sortir. Mais les aventuriers finissent toujours par être récupérés, de leur vivant ou après ! Astérix en est l'exemple le plus flagrant, finalement tombé dans l'escarcelle Hachette alors qu'Albert Uderzo avait créé en 1979 les éditions Albert René...

J'aurais pu lui répondre « ça sert à quoi ? » mais n'avais pas envie d'entendre de nouveau « *à baiser le plus beau cul du 9-3, mec !* » Et de toute manière, je n'étais pas non plus certain de mes propres motivations. Ni pour le fric ni pour la reconnaissance d'une œuvre qui de toute manière n'existait pas. Il m'avait déjà raconté le pourquoi du comment. Après tout, Germaine de Staël concéda « *en cherchant la gloire, j'ai toujours espéré qu'elle me ferait aimer.* » Je cherche autre chose que l'Amour ? Je lui résumais néanmoins et il sembla réellement m'écouter :
« - J'accepte cet échec, je l'admets, tu sais. Je n'attends rien de plus que de grappiller chaque année le minimum pour vivre, même sous le seuil de pauvreté officiel. Tu sais bien que je n'aurais pas signé ton contrat sans cette nécessité financière. Si Martin Malvy n'avait pas bloqué mon dossier de bourse au Centre Régional des Lettres, je

n'aurais pas eu besoin de ce fric cette année. J'aurais pu ajouter quelques titres... Mais je reste persuadé que dans cette voie j'ai une possibilité d'atteindre ce que je cherche, l'œuvre majeure. Et même aujourd'hui, je reste assez prétentieux, orgueilleux si tu veux, pour croire qu'il suffit d'un déclic pour que mes textes soient vraiment lus, exploités, le théâtre par des troupes, les chansons par des interprètes...

- Si c'est ce que tu cherches ! Mais franchement, je n'en vois pas l'intérêt ! D'ailleurs, pas un journaliste ne s'intéresse à ce genre de trip ! Au Moyen-âge, peut-être, c'est ce qui semblait important, de vendre des livres, quand y'avait ni télé ni radio. Mais aujourd'hui ! On dirait que tu n'as pas compris qu'on est en 2012 !

- Je pense avoir intériorisé qu'à chaque époque il y eut des artistes qui cherchaient simplement à plaire pour réussir, entre guillemets, et d'autres pour lesquels l'art répondait à un besoin existentiel. Je ne sais pas pourquoi mais je crois que je suis de ce côté-là. Peut-être à cause de l'enfance, oui. Même Amina semble incapable de comprendre ce besoin existentiel.

- Existentiel ! Tu sais, avec des mots pareils, ils t'inviteront jamais à la télé. Même Jean-Pierre Pernaut n'emploie jamais ces mots d'intellectuels. Il sait bien qu'on changerait de chaîne ! Les chroniqueurs sont des gens normaux, tu sais ! Pas des intellectuels ! Ils sont même sympas, le plus souvent. »

Ah les « *gros niqueurs* » comme on les appelle dans le sud-ouest, sûrement l'effet de l'accent... Petite anecdote racontée par l'as des bluffeurs :
- "*La littérature est un combat, une guerre, avec de l'intox et des snippers. Je me mets à théoriser, employer le mot littérature comme si j'avais lu Michel Houellebecq, Frédéric Beigbeder, Honoré de Balzac et Marcel Prost.*" *Oui, en interview ! Je le sais maintenant, que l'écrivain s'appelle Marcel Proust. Mais durant mon enfance, Alain Prost m'a tellement bercé en tournant des heures dans la télé avec sa voiture rouge, que je l'ai commis, disons ce*

lapsus, en interview. Nadège avait été géniale. Elle est intervenue "*arrête de déconner Kader, monsieur va croire que tu confonds Alain Prost et Marcel Proust ! Il ne sait pas forcément que c'est une de nos blagues, Marcel Prost.*" J'avais enchaîné. L'improvisation, c'est mon grand talent. Ouais, y'a du Djamel Debouze en moi. "*Je suis certain que monsieur avait compris, même s'il n'a pas fréquenté notre école de la rue du Génial de Gaule !*"

Oui, l'art de se faire des complices, des potes, des amis. Y'avait de l'Amina dans ce mec. Même totalement incompétente sur un sujet, elle peut te donner une leçon, rien qu'avec la tchatche, le sourire. Ce mec m'était sympathique mais de plus en plus il m'apparaissait comme un versant masculin d'Amina. J'ai même pensé : un jour elle le séduira, lui expliquera la nécessité de retrouver ses « racines » (même si, à sa connaissance, jamais personne parmi ses ancêtres ne s'est préoccupé de religion) et il se convertira, prêchera, écumera les plateaux avec son baratin d'Abdel Malik de l'ebook. Ce scénario m'aurait sûrement apporté d'autres genres d'ennuis !

II Nadège

- Nadège. Ah Nadège ! Avoue, vous n'aviez jamais vu une femme comme ça, au village ! Le vieux, ses yeux en sortent de sa tête. Je peux tout lui demander ! « Avec plaisir ! Avec plaisir ! » Mais le plaisir est pour moi !

- Elle me prenait pour un naze, forcément, un type qui suit le parcours de réinsertion uniquement pour éviter la case prison mais continue naturellement à trafiquer... et comme les autres tombera vraiment un jour... ça c'est ce que vous pensez tous, qu'on ne peut pas magouiller une vie entière en passant entre les mailles de votre filet. Y'en a qui meurent sans avoir connu l'autre côté des barreaux ! Et ce sont eux, nos vrais modèles. Faut pas croire que la prison nous forme ! Ça c'est ce qu'on raconte aux médias pour vous donner mauvaise conscience. Si vous enfermez un jeune, vous en ferez un caïd ! On veut tous devenir des caïds, c'est dans la nature humaine. Même toi, mec, tu veux devenir un caïd de la littérature, c'est une autre face du kaléidoscope ! C'est juste une question de créneau. Si tu avais eu la chance d'être le petit frère d'Adam, tu serais sûrement à ma place.

- Ça se voyait, qu'elle n'y croyait pas non plus, à la main tendue de la société qui va récupérer un jeune homme dans le bizness depuis presque deux décennies. Ouais mec, j'ai débuté dans la carrière vers 7 ans, c'était juste de la surveillance, genre appuyer sur un bouton quand déboule une voiture de flics...

- Avant le début de l'affaire Kindle, je n'ai jamais loupé un rendez-vous dans le bureau de Nadège. Elle me prenait le soir, à 17 heures 30, pour éviter que je reste toute l'après-midi. Mais je m'en foutais, j'arrivais dès l'ouverture. Sauf la première fois, forcément ! J'avais rendez-vous à 10 heures 30, je me suis pointé vers 15. Et là, le choc ! Je sais bien que tous m'avaient juré qu'elle était canon, qu'ils ne pensaient qu'à la niquer. Quand elle a ouvert la bouche, je l'aurais violée ! Elle est sortie de son cabanon, c'était au tour de Farid... J'ai failli ne plus trouver les mots, moi, oui, j'étais intimidé !

« - Hein, Farid, que tu me laisses ton tour, j'avais rendez-vous à 10 heures 30 avec mademoiselle.

- Pas de problème, Kader, c'est toi le boss. »

Je sais, il n'aurait pas dû m'appeler ainsi chez l'ennemi. Mais y'avait Nadj devant nous, comme ils la surnommaient, les réinsérés sociaux. Je comprenais pourquoi, maintenant ! Je suis entré dans son bureau et je n'en suis ressorti qu'à 18 heures 30. Tous, Farid, Ahmed, Nico, Fred, Paulo, tous ont juré que ma présence ne les dérangeait pas, qu'ils n'avaient rien à me cacher. Et c'est vrai, qu'ils n'ont rien à me cacher. À 18 heures 30, elle a vraiment appuyé sur le bouton d'alerte, c'était pas de la rigolade, les keufs ont débarqué dans les trois minutes, gyrophares. Je leur ai expliqué que c'était juste de la drague, que j'étais amoureux, et tout, que je voulais l'inviter au restau, la baiser, et tout. Un flic lui a proposé de la raccompagner, elle a accepté. J'étais vert, elle est montée dans leur voiture ! Là, je me suis juré, parole de Kader, cette nana je lui ferai tout et en plus elle aimera ça.

- La violer dans le bureau, ça c'est un truc, je savais bien que c'était impossible. Tout le monde le savait. C'est le genre de connerie, jamais personne par ici, la ferait. Mais j'aurais facilement pu la violer un soir. Même de manière anonyme. C'aurait été facile de la faire embarquer et livrer dans une cave. Mais non ! Une nana comme ça, il faut que ça se donne vraiment. Bien sûr, si elle n'avait pas respecté sa parole quand on a parié, là elle y serait passée, et tout le quartier en aurait profité. Mais dès ce jour, elle n'a plus rencontré un seul problème. Tout le monde la saluait d'un aimable « bonjour, madame Terns. » Tu vois, j'ai tout de suite compris que c'est une fille, entre elle et moi c'est pour la vie. Il fallait entrer dans son jeu, ne surtout pas la contrarier, attendre la petite ouverture pour y placer un pied. C'est une fille qu'on baratine, qu'on séduit, qu'on drogue au besoin, mais qu'on ne viole pas, comme dirait l'autre.

L'autre de ce « *C'est une fille qu'on baratine, qu'on séduit, qu'on drogue au besoin, mais qu'on ne viole pas* », je sais désormais qu'il s'agit du père de Pablo, alors « ancien fiancé » de Nadège mais surtout le « Carlo d'Egyptair », remarqué par Amina le 9 décembre 2009 à l'aéroport du Caire, escale du vol Addis-Abeba - Paris.

- Son p'tit appareil dans son troisième tiroir ouvert, je l'ai immédiatement remarqué... déformation professionnelle : si elle en possède un, on en récupérera des tas dans les sacs des bobos, vous savez, ces sacs que les gamins me ramènent... non, si vous n'avez pas lu "ma première œuvre" vous l'ignorez... et c'est écrit noir sur blanc dans le contrat signé avec Amazon : dans ce récit je m'adresse au grand public, pas seulement à mes fidèles lectrices et lecteurs... Bref, c'est ainsi que j'ai découvert le Kindle... ma première réponse fut « c'est du chocolat ? » Mais je lui ai promis d'en acheter un, et le lendemain, bien fier, je revenais lui présenter mon joujou high-tech.
« - La livraison, c'est en 24 heures minimum, et encore, avec Chronopost.
- C'est un pote Chronopost !... Non... Je déconne... Tu ne vas pas me croire : ma mère, qui sait combien j'adore la littérature, m'en a offert un justement hier soir ! Mais j'ai besoin de toi, pour me conseiller en livres à acheter. On prend le *Kâmasûtra* pour l'essayer ce soir ? Tu vois, j'en connais des mots compliqués !
- Tu comptes vraiment lire !
- Si le titre me plaît, je peux tenir jusqu'à la cinquième phrase, c'est arrivé ! Avec le *Petit prince*, un cadeau de mon père, la dernière fois qu'il est passé. C'était en... non, je ne vais pas te faire pleurer sur mes histoires de famille, l'enfance difficile, le manque de repère et tout, il m'appelait « *mon petit prince* », mon vieux. Tu connais "*le petit prince*" ? d'un mec avec un nom à dormir dans les églises, le Saint-Esprit ! Lire ensemble le *Kâmasûtra*, à toi le texte, à moi ton corps, ça me tente vraiment, ma petite princesse ! Je t'appellerai toujours princesse.

- Ce n'est pas le genre de surnom qui me plaît. Et je te conseille même de ne jamais plus le réutiliser. »

- Jamais je ne l'ai rappelée princesse ; tu sais, les filles sont bizarres, donc parfois il faut les écouter. Un mec m'a expliqué, c'est à cause des hormones. Elles accordent de l'importance aux détails mais sur l'essentiel on en fait ce qu'on veut.

S'il m'avait fallu émettre un avis définitif sur le sujet, j'aurais opté pour le contraire. Et naturellement, je n'allais pas lui expliquer que 48 heures plus tôt, Nadège m'avait raconté, ce *princesse*... Ce terrible princesse qui me fit si mal quand moi également je l'ai pris dans la gueule avec les mails de ce Carlo à cette saleté d'Amina qui pourtant les mêmes jours continuait de m'écrire « mon Amour, tu me manques... »

- Là, dans les 12 mètres carrés réglementaires de mademoiselle la référente, l'idée de génie, quand elle me montre, avec un petit sourire narquois, déplaisant, la boutique Amazon Kindle, et ses meilleures ventes :
« Le jour où je suis là, tu couches avec moi ! »
Elle m'a regardé en souriant, j'avais le doigt sur son écran.
« - Tu veux dire, le jour où tu es en tête des ventes de la boutique Amazon Kindle !
- Bin ouais ! Tu m'as raconté, j'ai retenu, qu'on peut tous publier, avoir un bouquin là.
- Mais pour être là, comme tu dis, il faut que les gens achètent. Mon ami fut l'un des premiers à utiliser la plateforme d'autopublication d'Amazon en France, malheureusement sa nouvelle n'a pas encore trouvé son public.
- C'est un naze ton rital ! Je t'ai déjà dit de le passer par la fenêtre du sixième... Si tu veux, on s'en charge... Ouais, j'écris un livre, les gens achètent, et le jour où je suis là, number ONE, tu couches avec moi ! »
- Elle a souri, elle me prenait pour un naze, un naze parmi les nazes, alors qu'elle, elle croyait s'en sortir en étudiant, en continuant d'étudier le soir pour obtenir encore plus de diplômes et un jour décrocher le boulot où elle gagnerait

en un mois ce qui s'empoche en quelques heures en fournissant aux bobos la poudre dont ils ont besoin pour calmer leur stress, les pauvres choux.

Elle réfléchissait. La question de coucher revenait dans la conversation au moins treize fois par rendez-vous. Elle a pensé me piéger, elle est donc entrée à pieds joints dans mon filet :

« - Si tu me promets, toi, de te mettre à écrire et de ne jamais plus me parler de coucher avant d'être numéro 1 des ventes !

- On se le promet, je n'en parle plus, quoique j'en meure d'envie, je pourrais pas obtenir un petit aperçu, là, juste ta bouche, ce serait déjà... T'as un truc que les autres n'ont pas... OK ? Et toi, le jour où je suis numéro 1, tu couches, là, ici, devant l'écran, et tu passes les nuits avec moi tant que je reste numéro 1. Promis ? Et après 30 jours, je te demande en mariage, on s'achète une maison à Neuilly, t'arrêtes ce boulot à la con, tu te consacres à l'écriture ma chérie et toi aussi tu deviendras number one. OK ? »

- Elle a souri, elle me prenait pour un naze. Le genre de sourire du vendeur de Conforama. Le genre de sourire qui signifie, je rentre dans ton jeu, car je n'ai rien à perdre. Elle hésitait quand même. Et c'est vraiment parce qu'elle a cru ne prendre aucun risque qu'il est sorti :

« - OK. »

- Je me suis approché, je lui ai tendu la main, et face au silence elle a fini par frapper dedans. Je suis parti. Sans même essayer de lui caresser les seins.

« - Ne t'inquiète pas si je loupe quelques rendez-vous, tu me notes présent, je suis un vrai écrivain, je m'enferme dans ma chambre. »

- Je n'avais aucune idée de la manière dont je pouvais réussir ce qui lui semblait impossible mais je savais que c'était ma seule chance de vraiment coucher avec elle. Jamais l'idée de la payer ne m'a traversé l'esprit : on ne paye pas une femme, on la prend. Sauf forcément celles dont c'est le métier... chacun son job.

- Eh ouais, moi, Kader, pour consommer Nadège sans la violer, je suis numéro un des ventes du Kindle, et depuis je câline la plus sublime des nanas du pays. Maintenant, je n'ai plus besoin de ça : elle est amoureuse, depuis mon contrat avec Amazon. Je crois qu'elle en a même oublié ce vrai naze de rital, son Pablo et leurs rêves à la con d'une vie bourgeoise en quartier résidentiel et grands voyages organisés. Elle est ma femme !

III Nègre

Kader venait de passer dans l'émission *Capital* du 19 février 2012, « *Kindle : la liseuse du XXIème siècle.* » J'avais lu son nom dans quelques tweets et commentaires, quand il m'a contacté, lundi 20 février à 15 heures 17, via www.ecrivain.pro.

« Salut Stéphane,
Je suis Kader Terns. Tu sais forcément qui je suis, l'auteur de « la vraie vie dans le 9-3. »
Tu sais écrire mais tu ne sais pas te vendre, alors que je suis bankable. Il faut qu'on se rencontre, et que tu écrives pour moi. Pour te montrer que ce n'est pas du bluff, que je ne contacte pas trente écrivains, je te fais un don de 500 euros sur ton paypal.
Kader, la star du Kindle. »

Je sais maintenant qu'il envoya son bras droit chez l'écrivain public qui venait de s'installer boulevard du Général De Gaulle à Aubervilliers, pour obtenir ce texte, expédié sur une adresse mail puis copié collé en remplaçant "Emile Zola" par "Kader Terns" et "l'argent" par "la vraie vie dans le 9-3."

« - Tu comprends, fallait pas que ce mec sache que moi Kader je cherchais un nègre ! Alors on a pris un nom au hasard dans la boutique Kindle, tu vois, on n'a pas fait d'études mais on connaît la vie ! Là, je suis sûr que tu n'y aurais jamais pensé ! Il ne faut jamais laisser de trace. Ni risquer de se faire remarquer lors d'un repérage.
- J'aurais aimé voir la tête de cet écrivain public !
- Un louf ! Un naze ! Il voulait rien comprendre. Farid a dû lui poser cent euros sur la table et lui expliquer trois fois le topo. Il ne comprenait rien ! »
Je n'avais pas jugé indispensable de l'informer de l'année de naissance de l'auteur des Rougon-Macquart.

Ce lundi 20, je lui ai répondu vers 19 heures, après en avoir discuté avec Amina, qui ne s'était pas rendue au collège, cause migraines. Le soir, elle m'a vraiment fait l'amour. Ça faisait bien six mois qu'elle n'avait pas pris pareille initiative. Oui, le mec me considérait comme un véritable écrivain. Non, je ne pouvais pas refuser sa proposition, être son nègre, c'était ma chance. De toute manière mes livres ne se vendent pas, ça ne sert à rien d'en rajouter d'autres... Cette expérience allait me permettre de progresser, écrire pour les autres c'est sûrement une bonne école, un des derniers prix Goncourt a d'ailleurs travaillé ainsi durant des décennies, et ça ne l'a pas empêché de réussir...

(« - Oui, Patrick Rambaud, prix Goncourt 1997 avec "*La Bataille*" mais n'oublie pas qu'il s'agissait d'un des journalistes du magazine "*Actuel*" et une personnalité du petit monde littéraire qui publiait également sous son nom chez Grasset de chez Lagardère ou sous pseudonymes, c'était un de ces petits apparatchiks de l'édition à cause desquels le système tient.
- Ne sois pas négatif ! Regarde le bon côté des choses. Ce mec a besoin de toi et tu as besoin de lui. Vous devez vous entendre. »)
Euphorique : j'allais devenir une forme de salarié de l'écriture, et finalement c'est ce qu'elle attendait de moi : un salaire fixe et des horaires.

48 heures plus tard, il débarquait. Je lui avais proposé de le prendre à la gare de Cahors mais il n'a pas voulu me déranger. Finalement, je lui ai donné rendez-vous au café du centre, à Montcuq. Il ne connaissait que ma boîte postale. L'inviter chez moi ? Jamais lors d'un premier rendez-vous avec une femme, qui plus est avec un type venant de là-haut !

- Ouais, moi la caillera du 9-3, à même pas vingt-cinq ans, mes mémoires intéressent : « *comment je avoir été meilleure vente Amazon Kindle* », ça s'appellera. De la littérature moderne, avec des phrases qui cognent, de la vitesse, de l'émotion, du vécu. Je veux que ça clashe. Les intellectuels passés par les écoles n'ont aucune chance : ils ont perdu le contact avec la réalité. Moi, je vais te donner la réalité, il te suffira de la noter.

- J'ai reçu d'Amazon un méga à-valoir pour mes mémoires ! Je suis l'Amanda Hocking français. Amazon voulait un contrat d'exclusivité, ils ont payé !

- Ma page facebook dépasse les 15 000 fans. Je suis acclamé dans la rue, je reçois des invitations de la mairie. Bientôt, j'aurai droit à TF1, le top, un dossier sur la banlieue qui réussit, qui croit aux nouvelles technologies, en l'avenir, quand les p'tits blancs moisissent repliés sur leur camembert et leurs livres en papier.

- Je l'ai promis, je vais refiler la recette, les ingrédients au gramme près. Donc j'avoue tout de suite, même si tu avais forcément deviné : j'étais loin des 10 000 quand j'ai annoncé ce "*chiffre qui fait rêver*" dixit même *Le Monde*... Ouais, la classe, les colonnes du *Monde* !... Avec même un super dessin de Pancho, super drôle, avec une étagère remplie de centaines de Kindle. Mais ça m'a permis de les atteindre ! Je sais bien qu'elle est connue cette technique, il suffit de prétendre une chose pour qu'elle se réalise. J'ai simplement été le meilleur cuisinier ! Le plus rapide ! On ne manipule pas de la même manière le top 50 des chansons à la con et le top 10 d'Amazon Kindle !

- Le contrat signé, j'ai posé la question : puis-je faire croire qu'un mec comme moi, n'est pas capable de raconter sa vie donc se paye un nègre, ce qui crée deux niveaux d'écriture et d'analyse ? Réponse « Vous êtes l'écrivain. Nous avons confiance en vous. Mais gardez le style que vos admirateurs adorent. »

J'avais parcouru, faute de pouvoir lire un tel ramassis sans queue ni tête « la vraie vie dans le 9-3 », toujours à 99 centimes sur Amazon. Oui Amina, avec cinq cents euros je pouvais m'acheter ce bouquin ! Et même t'en offrir un pour ton plaisir ! Puisque tu as la chance de posséder l'un des premiers Kindle vendus en France, cadeau d'anniversaire promis, finalement arrivé en octobre. Je ne pouvais donc pas imaginer que pour un tel résultat, il avait déjà utilisé deux nègres ! Ainsi ne le questionnais pas sur le véritable auteur de ce « best-seller. »

Fin mars, je lui ai demandé :

« - Tu la raconterais comment, notre première rencontre ?
- Montcuq ? C'est le trou du monde ! Je ne suis pas le premier à le remarquer, et ça ne te fait même pas rire ! C'est vrai que t'es un mec trop sérieux. »

Il ne pouvait pas s'empêcher, je crois. Etait-ce pour me taquiner, me tester ?... D'après Nadège, mes silences, ce « *sérieux* » le mettaient mal à l'aise. Il avait eu envie de me cogner « *comme ça, juste pour voir* » mais « *quelque chose le retient, le bloque* », et prétendait ignorer quoi. Néanmoins, le plus souvent, enchaînait par « *tu te rends compte, ce type est né la même année que mon père !* » Bizarre d'observer la réalité sous cet angle, mais j'avais effectivement vingt ans en 1988. Et j'aurais également pu avoir un enfant cette année-là. Ce fut d'ailleurs tout le bien que me souhaita Fano à la Saint-Sylvestre. Et durant des semaines elle me lança régulièrement son désir de maternité... J'avais beau lui répondre sur mon BTS à obtenir, un emploi à trouver, elle considérait inutile de se soucier de la manière dont on élèverait un marmot, qu'heureusement, avant, nul ne s'en préoccupait sinon personne n'en aurait eus ou tous les auraient tués à la naissance. Nous aurions pu avoir un enfant qui aurait l'âge de Kader... donc plus âgé que Nadège... Cette "révélation" me perturba mais elle le comprit immédiatement et m'apaisa...

« - Quelle aventure ! On ne peut pas croire que ça existe, en France, des endroits pareils. Un silence ! Même pas un avion ! T'as le temps de compter les voitures ! Enfin, sûrement que pour un écrivain, c'est un bled idéal. Le fou, après une bière, il a voulu me montrer des gariottes, des lavoirs, des pigeonniers. Qu'est-ce qu'il m'ennuyait avec ses vieilles pierres. Je ne sais pas pourquoi, je ne voulais pas le contrarier. Je savais que c'était lui, mon nègre. Et il fut très sensible à mon petit cadeau, oh juste une petite boîte à cigares, avec une enveloppe à l'intérieur, où il a découvert un bulletin du loto. Cinq bons numéros, ça entretient l'amitié ! Et non imposable ! Je ne lui ai donc pas demandé s'il acceptait ; il avait empoché l'enveloppe, avec un simple "merci". J'aurais apprécié un peu plus d'enthousiasme. Et quand je lui ai dit « donc, tu repars avec moi », il m'a sorti « OK pour signer un contrat, mais ma vie est ici, donc en précisant que nos échanges se dérouleront par skype ou le téléphone. » Ça m'a un peu dérangé qu'il ne souhaite pas se faire une opinion sur le terrain, voir la cave d'Anaïs, le bureau de Nadège, son appartement, le mien, le crématorium, l'ascenseur de la cité, la machine à écrire de Fatima... Un sauvage, ce mec ! Pourtant je l'ai assuré qu'il pouvait venir sans problème, que je lui accordais une protection 24 heures sur 24, qu'il n'aurait pas un souci. Que je mettais même dans son lit une super nana chaque soir s'il le voulait. Mais j'ai compris : moi non plus, je n'avais pas envie de revenir dans son Quercy et je lui avouais que toutes ses vieilles pierres me barbaient. « Tu es du béton, moi de la pierre », il m'a répondu. Alors on est repassé chez lui, il a cherché un modèle de contrat sur internet, on en a causé tandis qu'il arrangeait ses copier-coller, j'étais d'accord sur tout. Je peux même te dire que pour le fric, t'aurais demandé le double que tu l'aurais eu !

- Pourtant Amina m'a réprimandé. Elle a trouvé que j'avais exagéré, que j'avais profité de la situation.

- C'est vrai qu'elle a des relations bizarres avec le fric ! Rien que d'envoyer cinq cents euros par mois à Djibouti, elle est malade ! Ils se payent sa tête là-bas, ils ne lui donnent rien en échange. Pourquoi tu ne lui as pas expliqué « ok, je vous donne autant cette année, mais vous montez votre bizness et l'année prochaine vous vous débrouillez. »

- C'est un peu ma position, avec la formule qu'il vaut mieux apprendre quelqu'un à pêcher que de lui donner du poisson mais il paraît que je suis bien un européen, qui n'y comprend rien à leurs traditions... Que l'argent, ils en ont besoin pour manger, et que de toute manière dans sa famille on ne sait pas gérer un budget, une affaire, tenir un magasin... sa mère a essayé quand elle s'est retrouvée veuve mais elle accordait tellement facilement le crédit qu'elle était rarement payée et ne pouvait plus acheter aux fournisseurs. Elle y a dilapidé le mince capital hérité.

- Elle est malade, elle gagne mille deux cents euros, par mois, même pas par jour, et elle en envoie cinq cents. Si elle gagnait au loto aussi souvent que moi, je suis certain qu'elle aurait même pas un livret A plein.

- C'est haram le fric sur un compte. Encore plus s'il rapporte des intérêts. Les intérêts sont complètement haram ! Il faut donner, donner, donner... L'année dernière, avec les 1000 euros de pension alimentaire versée chaque mois par le père de son fils, plus son contrat de vacataire, c'était l'euphorie, sa mère a même pu terminer d'acquérir sa maison ! Comme elle se plaignait de l'état de ma vieille 205, j'ai quand même réussi à la persuader d'acheter une voiture. Ce fut une occasion, car le moment venu il ne lui restait plus que quatre mille euros ! Alors cette année, il faudrait que j'assume les fins de mois et paye l'électricité parce que madame il lui reste trois euros et que son salaire, elle l'attend mais promis le mois prochain, elle paiera ce qu'elle doit ! Puisqu'elle va toucher ses heures supplémentaires. Mais tout ça, même si là on en rit, ça résume sa vie : les promesses n'engagent que l'instant présent ! « *Oui, je le pensais à ce moment-là* » elle répond avec arrogance quand je lui rappelle ses propos, et le même scénario, sur tout, recommence, Amina les belles promesses, les mails lyriques... Je t'avoue que je n'en peux plus !

- Tu vois, j'ai trouvé la femme parfaite ! Elle prend dans le pot ce qu'elle veut mais elle se contente de peu. Si elle avait mon fric, ton Amina, sa mère pourrait s'acheter tout le riz de Djibouti !

- Mais il faudrait lui en renvoyer le mois suivant car les cousins, les cousins des cousins, les voisins, les voisins des voisins seraient passés pour qu'elle partage ! Paraît que les afars sont ainsi, c'est dans leurs coutumes mais ils commencent à s'apercevoir de leur marginalisation dans la société djiboutienne où les issas savent gérer un budget et faire des affaires. Mais sa fierté, c'est qu'il n'y a pas un afar dans la rue, car un afar sait qu'une porte lui est toujours ouverte tandis que chez les issas où l'entraide n'est pas aussi développée, des mendiants traînent. Elle reconnaît pourtant que ce système a ses limites, car des gens préfèrent vivre aux dépens des autres plutôt que de travailler et entretenir tout un tas de parasites. Alors chez les familles qui ont la chance de recevoir de l'argent de France c'est table ouverte !

- C'est pour ça qu'ils élèvent leurs filles comme de bonnes pouliches chargées de séduire le type blanc qui pourra nourrir toute une tribu, un de mes potes a failli se faire avoir ! Il y était militaire et au lieu de consommer ces petites beautés... car y'a pas à dire, elles sont mignonnes, il s'est amouraché... Le con, il s'est mis une balle dans la tête en jouant à la roulette russe ! Il croyait m'impressionner !

- Elle l'avait trouvé, le bon bougre, Amina. Mais à force de lire des histoires d'amour, elle a cru que c'était plus important que l'argent, l'amour. Et aujourd'hui, elle revient au principe de réalité de la fille aînée de là-bas, qui doit se sacrifier pour envoyer chaque mois son virement. Il faut souvent choisir dans la vie, entre vivre l'amour ou essayer de gagner du fric. J'ai cru qu'elle était tournée vers l'amour uniquement car celui qui était encore son mari s'occupait des questions pécuniaires. Mais quand elle s'est aperçue que je voulais bien apporter l'amour mais que pour l'argent il fallait qu'elle se débrouille... Argent ou amour... ou même ni l'un ni l'autre !

- Je suis pourtant l'exemple qu'on peut avoir les deux !

- Et pourtant tu es revenu dans ce Lot des vieilles pierres !

- Ouais, le plus surprenant, c'est qu'à peine retourné dans Nadège, je n'avais que tes vieilles pierres à la bouche. Le béton me sembla tout d'un coup triste. Faut dire, Nadège était toujours à me relancer « *alors, c'est si beau que ça...* » Et toi et ta charmante compagne avez accepté de nous faire visiter le samedi. C'est vrai qu'elle est charmante, elle a toujours le mot aimable. Le vieux trouve que c'est une femme fantastique, pourtant il n'a jamais eu l'occasion de voir ses seins et encore moins le reste. Quand je lui ai demandé, il m'avait balancé « *c'est pas une femme comme ça, c'est une femme droite.* » T'inquiète pas, je ne lui ai rien raconté de Carlo et compagnie. Je crois qu'il désapprouve la tenue de Nadège même s'il ne peut pas s'empêcher de se rincer l'œil ! »

Quand Nadège m'avait confié sa version, je n'avais pu m'empêcher de la taquiner :
« - Les femmes sont terriblement manipulatrices et les hommes ne voient jamais rien !
- Les femmes, je ne sais pas. Mais depuis des années je cherche une manière de m'en sortir. M'en sortir vraiment. J'ai bien pensé à disparaître un matin pour refaire ma vie très loin mais je sais que ma mère ne s'en serait jamais remise. Et je crois que c'est devenu impossible avec les passeports, visas, cartes d'identité, les avis de recherche, de repartir de zéro ailleurs. J'ai bien pensé à lui expliquer à ma mère mais comment lui avouer tout ça ? Elle qui me croit tellement heureuse, qui s'est décarcassée pour me payer des études et maintenant son plus grand bonheur c'est de me regarder belle et diplômée… alors elle me croit heureuse… c'est ce que je voudrais devenir. Donc oui, j'ai légèrement manipulé Kader, avec l'intention de prétendre tomber amoureuse de cette région... et si possible d'y rester… Je ne pouvais pas l'imaginer éloigné plus de trois jours de ses potes. J'ignorais s'il allait être réceptif à mes arguments mais au moins ça représentait une opportunité. »

IV Une ruine

Samedi 25 février 2012. Nadège semblait émerveillée. Elle caressait les vieilles pierres, enlaça même un chêne, mangea des pissenlits quand j'eus raconté que les anciens les utilisaient en salade, buvait l'eau des ruisseaux bien que je l'en dissuadais en lui expliquant les pesticides et nitrates des champs de blé et tournesol. Et c'est après deux heures dans des sentiers sans avoir croisé le moindre humain mais aperçu trois biches (chevreuils en réalité) et deux lapins, où ils nous pensaient égarés, qu'on est arrivé au panneau "À vendre." Amina l'aimait cette ruine. Elle aurait voulu l'acheter. Mais la banque refusait de lui prêter plus que le prix d'un billet d'avion. Dans six semaines, le 7 avril précisément, elle repartirait 14 jours à Addis-Abeba, je la maudissais plus ou moins en secret d'avoir modifié le planning prévu, simplement car ses vacances de prof ne correspondaient pas avec celles de son fils, cette année avec son père, là-bas, en Éthiopie, où elle m'avait promis de ne jamais retourner. Prof contractuelle car "naturellement" en avril 2010, elle s'était presque aussi lamentablement plantée au concours d'instit qu'en 2009.

« - Arrête avec ça, c'est de l'histoire ancienne, tu ne voudrais quand même pas que je reste six mois sans voir mon fils.
- Il revient. C'est prévu ainsi sur les papiers signés chez l'avocate, validés par le juge de votre divorce.
- Oui mais je travaillerai.
- Là-bas il sera en cours.
- Mais on aura les soirs, les week-ends.
- Comme ici !
- Mais quand je travaille je suis épuisée...
- Tandis que quand tu voyages, tu jubiles. »

Ça n'arrêtait pas, cette discussion mais elle partirait, elle avait payé le billet d'avion avec un emprunt (puisque son méchant amour avait refusé de les lui avancer, les mille cinq cents euros, qu'il possédait pourtant) et elle me dégoûtait de nouveau... Je ne la soupçonnais pas de l'intention de m'y tromper, pas même d'essayer de revoir "amicalement" son Carlo mais la plaie se réouvrait... Comment pouvait-elle ne pas éprouver la moindre hantise à l'idée de remarcher là où... ? De l'histoire ancienne. Voulait-elle voir les yeux dans les yeux Sophie, la manière dont elle se comportait avec son cher fils ?

Amina aurait voulu l'acheter, cette ruine. Propriété en restauration plutôt, où le propriétaire a sûrement déjà trimé des années sur la maison puis le découragement l'a pris ou l'âge l'a rattrapé...

« - Cinq cents euros par mois, six mille par an, depuis dix ans, avec ces soixante mille d'apport, la banque te prêterait.

- Donc je préfère qu'elle ne me prête pas, je suis fière de ce que j'ai fait. Cet argent était plus utile là-bas qu'ici. Un jour je l'aurai ma maison mais ma mère passera toujours avant.

- Alors, pourquoi te plains-tu ?

- Je ne me plains pas mais je voudrais bien l'acheter, pour avoir un toit au cas où tu me mettrais dehors. »

Seule la mort de cette mère semblait pouvoir nous sauver ! À 52 ans, elle se considérait d'ailleurs déjà comme une survivante, ayant enterré quasiment toutes les femmes de son âge. Mais grâce à sa fille providentielle, elle se soignait correctement à la moindre alerte. Dans ces cas-là, immédiatement Amina augmentait la "dotation".

Nadège s'est faufilée par l'espace d'une fenêtre à poser. Nous l'avons suivie. Elle rêvait tout haut « là ce serait la cuisine... ici le canapé en open space... trois chambres au-dessus. »

Elle nous a regardés : « si la banque me fait un prêt, je l'achète. »

Amina lui a répondu : « si la banque m'avait prêté, je l'aurais achetée. »

Et Kader « je l'achète ! »

Un soir de fin mars, Kader m'a confié : « j'ignore ce qui s'est bidouillé dans ma tête, je me sentais tout bizarre, je me voyais vivre là, avoir des enfants, les élever tranquillement, le bus passerait sur le chemin en bas après le ruisseau, ils ne risqueraient pas de tomber sur une seringue ni de choper une balle perdue ou d'être écrabouillés par une voiture de keufs... On ne sait pas, on n'a pas idée, quand on grandit dans notre béton, qu'un tel monde existe... et qu'il peut procurer du plaisir... le retour à la nature comme ils bavent à la télé. »

Nadège, également fin mars, peu après « J'ignorais s'il allait être réceptif à mes arguments mais au moins ça représentait une opportunité » : « mon enthousiasme pour cette ruine, ce n'était que du cinéma. Ce que je voyais, c'était l'occasion de quitter le 9-3. J'avais compris que là-bas je ne m'en sortirais jamais. Il me fallait éviter d'être l'enjeu d'une guerre entre beurs et ritals. J'étais le lot du gagnant, une question d'honneur, entre Kader et Pablo. Les deux m'ont piégée. Je ne pouvais pas imaginer Kader vivre ici. Cet endroit a représenté l'espoir de me libérer de cette prison. J'étais certaine qu'il retournerait là-haut avant huit jours. Et il s'y plaît. Le béton, la bière, la brioche, toi, le vieux et moi, il me dit qu'il a trouvé ce qui lui convient. Symboliquement, tu commences à prendre la place de son père, et le vieux celle de son grand-père. Et il sait que s'il retourne là-haut, il finira comme les autres, victime d'un ambitieux. Son cousin Farid, il s'en méfie de plus en plus. À chaque fois que je crois me débarrasser d'un bourreau, j'ai l'impression qu'on m'enchaîne encore plus... Je ne te demande même pas d'aide. Car je sais qu'arrivée à ce point, toutes les solutions, je les ai imaginées… »

La star du Kindle, immédiatement pragmatique, me questionnait :
- Ça coûte combien, ce genre de maison en restaurant ?...
- Quand les anglais achetaient tout, le propriétaire aurait mis en vente vers 250 000 euros. Maintenant, il sera content d'en obtenir 180 000. Et s'il est pressé, tu peux l'avoir à 150, peut-être même un peu moins !
- Tu es sûr ? Tu n'oublies pas un zéro ?

- 150 000 ça te semble peu !

- Quand comme moi on travaille depuis ses 6 ans... et tu sais j'ai souvent gagné au loto, au banco, enfin à tous ces jeux de hasard... Je suis né sous une bonne étoile !

Nadège est intervenue :

- Alors, ça se passe vraiment comme ça ! Quelqu'un a un bulletin gagnant et un petit truand lui rachète en lui offrant 10 ou 20% en plus. Le buraliste touche sa commission de mise en contact. C'est la technique du blanchiment de l'argent de la drogue ?

- Mon amour... je ne t'ai jamais juré avoir été un ange. Mais là... j'achète cette maison, on la retape comme deux bourgeois, et on y vit tranquilles, tu arrêtes la pilule et on repeuple le coin.

- D'abord, j'ai parlé la première d'acheter cet endroit... et ça me dérangerait de vivre sous un toit acheté avec l'argent de la drogue et du bisness.

- Attends, mon à-valoir suffit ! Allez, moitié - moitié ! OK ?

Nadège hésitait.

- OK !

J'ignore encore ses pensées durant cette hésitation. A-t-elle mémorisé ses économies ? La difficulté probable à dénicher un travail dans la région pour rembourser un prêt ? A-t-elle finalement considéré que l'essentiel était d'avoir une raison de vivre loin du 9-3 ? Que de toute manière Kader y retournerait et s'y ferait rapidement liquider ?

- Bonjour à nos nouveaux voisins !

- Vous habitez à des kilomètres !

- Par le sentier derrière votre nouvelle propriété, disons qu'un kilomètre et demi nous sépare. C'est être voisin, par ici !

- On a marché durant des heures !

- Les sentiers parfois se croisent, se rejoignent. Un jour vous les connaîtrez aussi bien que moi, et donc mieux qu'Amina, si vous devenez vraiment lotois.

- Quand mon fils sera là, on va marcher.

- Tu m'avais déjà promis ça en 2010, il a été avec nous durant un an et on n'a rien fait.
- Encore des reproches !
- Juste la réalité.
Même devant des invités, nous ne pouvions éviter de nous disputer. « *Un couple se forme, l'autre agonise* » j'ai simplement pensé.

- Ça se passe comment, pour acheter une maison ?
- Propriétaire, notaire. Cent-cinquante habitants seulement au village mais un notaire, donc la vente s'effectuera sûrement chez lui. Sauf si le propriétaire est très fâché avec ce notable parfois peu scrupuleux sur la nécessaire honnêteté de sa charge.
Je leur racontais la manière dont il avait essayé de m'arnaquer près de trois cents euros, des francs à l'époque, deux mille.

La première fois que nous y étions passés, Amina et moi, j'avais photographié le numéro noté sous « propriétaire (achat sans intermédiaire). » Il restait lisible. Kader l'appela immédiatement. 180 000 euros. L'écrivain Kader Terns ne discuta pas le prix, il était pressé, devait retourner à Paris pour enregistrer une émission sur Canal+... Il devrait déjà être dans le train, prendrait un taxi... Car il était tombé amoureux du coin...

Le notaire fut plus difficile à convaincre, il fallut ajouter la promesse d'une enveloppe avec dix billets de cent euros, qu'il alla immédiatement lui remettre. Ce furent quelques minutes "surréalistes" quand Kader ouvrit la pochette avant de sa sacoche, gonflée de billets, lui en comptant dix. Le vieil homme fut manifestement époustouflé d'un tel gain si rapide mais rien n'est gratuit, il eut droit à un choc compensateur :
- On est OK, je plaisante pas dans ce genre de bisness, aucune entourloupe, tu t'occupes de tout, sinon je te mets trois balles, à la martiniquaise, la première dans le tibia, la deuxième dans les couilles et la troisième dans la gorge.

Et comme s'il ne s'était pas aperçu de son trouble, il lui tapa sur l'épaule. Nadège essaya de le rassurer, en souriant, précisant « vous savez, nous venons de la banlieue où les gens se parlent comme ça mais Kader est très gentil, c'est juste que quand il paye il veut que les choses soient bien faites. » Je lui souhaitais poliment une bonne soirée. Amina et Nadège en firent de même, lui donnant également du "Maître." Nous n'étions qu'à trois pas quand Kader ajouta « *il a l'air sympa le vieux mais il fera pas de vieux os, ça se voit dans ses yeux.* » Certes dans son charabia les mots ne furent pas forcément compréhensibles pour notre premier adjoint au maire...

Effectivement, il avait l'œil, le notaire n'a pas connu 2013. Ce fut même la dernière sortie officielle du Conseiller Général, avant sa propre descente en terre. En quelques mois le clan offrit de nombreuses opportunités de promotions aux futés lancés dans la carrière...

V Chambre d'amis

Après l'appel au propriétaire et le passage chez le notaire, la prise de rendez-vous pour le lendemain, Kader s'est imposé.

- Alors, ce soir, on dort chez toi, ou on se trouve un hôtel ?

Amina, naturellement, joue la femme enchantée de la présence de "mes amis"... mais elle n'a rien de prêt !

Kader, gentleman, nous invite au restaurant...

Ce fut une soirée très agréable. Amina maîtrise vraiment l'art de la conversation... l'art de tenir une conversation, la relancer, l'art des banalités... elle aurait pu devenir une très bonne députée langue de bois, en France mais également à Djibouti où paraît-il « le poste » lui fut proposé... Paraît-il, ses mots, je le sais maintenant, n'ont pas toujours le sens du dictionnaire... Oui, elle aurait pu prétendre au rôle de la "diversité visible" du "radicalisme", au PRG. Elle le tiendra peut-être un jour.

C'est même elle qui insista pour qu'ils dorment chez nous quand Kader, passant devant un hôtel à Montcuq, considéra que finalement ce serait drôle et génial, qu'ils n'allaient pas nous déranger… Mais non, l'habitation est constituée de trois maisons au sens du dix-huitième siècle et dans l'une se situe notre chambre d'amis. Naturellement, des portes ont été percées depuis longtemps… L'art de magnifier la réalité…

VI Nadège et Kader, propriétaires

Nous nous retrouvâmes chez le notaire le lendemain à 10 heures, oui un dimanche. Il nous attendait avec son fils, également entré dans la carrière mais toujours dans une autre étude, à Cahors, faute d'obtenir la succession. Le notaire crut bon de préciser « ça fait dix ans que ça ne m'était pas arrivé. » Le protocole d'accord fut signé mais Kader paya l'ensemble immédiatement, même si, comme le souhaitait Nadège, la maison leur appartenait moitié-moitié. « On s'arrangera. » Oui, il possédait une telle somme sur son compte courant ! « Mon à-valoir ! »

Le propriétaire fut ébahi de recevoir une enveloppe. « Pour le dérangement du dimanche. » Moi également ! Le notaire apprécia modérément le « quant à toi, on ne peut pas gagner au loto le samedi et le dimanche. » Mais il sortit de sa poche deux billets, les tendit au fils... qui eut le réflexe professionnel de les refuser... À son grand étonnement, Kader ne les déposa pas sur son bureau : il me les donna ! Je poussais la malice jusqu'à balancer *« je les garde pour l'achat de ma prochaine maison. »* Subtilité incompréhensible pour Kader, même après explications durant le retour au bercail.

Quand elle l'apprit, Amina souhaita que je lui restitue l'ensemble : « de l'argent sale, c'est haram. » Le billet de loto avec cinq bons numéros, elle en avait pourtant été enchantée... « même si le jeu c'est haram, mais tu n'as pas joué ! » Encore ce dimanche-là, comme pour le salaire, elle distinguait une différence : « tu ne savais pas que c'était de l'argent haram quand tu l'as accepté. » Finalement, placés dans une enveloppe à bulles protégée dans une boîte en fer plate, ces billets atterrirent derrière une pierre, dans la vieille grange. Elle refusa l'idée de la cave. Je m'étais retenu... pouvait-elle imaginer que malgré tant d'insultes encore régulièrement balancées, je lui en épargnais bien souvent, comme en ultime réplique un « et baiser avec Carlo, ce n'était pas haram ? »

Le propriétaire, rassuré par le notaire au sujet du paiement qui transiterait par son compte, n'avait soulevé aucun obstacle à leur installation immédiate. Il leur remit les clés, « *devant témoins.* » On devait se revoir après le 26 avril pour la signature de l'acte définitif. On, Kader insistait, j'étais sa caution locale.

VII Un couple s'interroge

Ce dimanche soir-là, avec Amina, peut-être l'effet de cette marche, ce week-end à quatre, nous avons parlé de notre couple. À son initiative, en débutant par l'habituel « Pourquoi, alors qu'on s'aime tant, on a tellement de difficultés à vivre ensemble ? »

Nous avons eu l'impression de dialoguer mais sûrement, comme moi, l'essentiel, elle l'a gardé au fond d'elle. Et nous avons fait l'amour. Puis elle s'est endormie. Après m'avoir reproché que l'on ne se soit pas contentés de causer enlacés, qu'il ait fallu que je... alors qu'elle travaillait le lendemain. Et j'ai pensé, j'ai une nouvelle fois tout retourné dans ma tête...

Le sentiment amoureux, de grand Amour, je l'ai connu quand elle est venue ici pour la première fois, durant les vacances scolaires d'octobre 2008. J'avais rencontré la femme tant espérée...
Mais le week-end suivant [alors que son mari était reparti en Éthiopie après dix jours « au chalet » avec leur fils], d'une phrase, en six mots, elle a brisé l'harmonie. Oui, en six mots, elle ne comprendra jamais avoir tout détruit.
Dès lors, tout ce que j'ai pu ressentir d'amour, ou d'attachement, s'est situé sous le couperet de son « il faut que tu deviennes musulman. »

Et si elle a souhaité vivre avec moi en sachant que je n'étais pas musulman, si parfois elle semble accepter ma qualité d'athée, jurant même qu'elle n'en parlera plus, il lui suffit d'échanger un mail avec son frère, parler avec sa mère ou sa Kagera pour revenir à la charge.

Est-ce tenable ? Ça sert à quoi, tout ça ? Mais il y a nos corps. Nos corps ! Cette sensation de bien-être inaccessible autrement ! C'était ce que j'attendais d'un couple. Mais le prix à payer est trop élevé : vivre dans l'insécurité sensuelle perpétuelle ne me convient pas. Là, après avoir fait l'amour, j'aurais dû m'endormir ravi... Et notre vrai lien, il est vraiment disparu, ce qu'on appelait notre union spirituelle, notre transmission de pensées, d'émotions. Oui, c'était plus fort encore que nos corps. Certes, moi également, j'ai lutté contre cette transmission de pensées qui te catapultait dans ma poitrine, te permettait de me ressentir dans ton ventre... ça je ne pourrai jamais te l'expliquer, sinon tu vas jubiler, te sentir exonérée de tout, prétendre que tu as fait toutes tes saletés car au fond de toi tu as bien senti que je te repoussais... alors que je voulais juste t'épargner ma lassitude de tes « il faut que tu deviennes musulman »... et tu as lutté contre cela, toi, contre tes affreux maux de ventre de septembre 2009 à avril 2010, quand tu cédas quasiment dès ton arrivée... si tu m'avais téléphoné en pleurs... en m'expliquant qu'il avait profité de ton état, quelques heures après ton intoxication au monoxyde de carbone... J'aurais eu mal, très mal, mais nous aurions sauvé notre couple. Et maintenant, oui maintenant encore, il me reste ton « *je ne voulais pas mais je me suis laissée faire* », il était toujours ton mari sur les papiers « *il a essayé de reprendre sa femme* », tu comprends mais tu lui as expliqué que tu m'aimais... tu me l'écrivais ça oh oui... « *et il a compris...* » Tu me l'as caché, ce fut un secret, un horrible secret verbal entre nous, mais je l'ai ressenti. Ce cauchemar où je te vois baisée sur une table et finalement tu cours vers moi... et ce fut là le début de ce qui aurait dû constituer le mot FIN, ton orgueil t'ayant empêchée de me téléphoner en pleurs... « *je savais bien que si je t'avouais, tu m'aurais demandé de revenir en France.* » Tu as cru pouvoir tricher et continuer comme s'il ne s'était rien passé. Tu as cru pouvoir faire la pute et continuer à rester la sainte. Mais ce lien « merveilleux » comme nous l'écrivions encore m'avait tout balancé à la gueule, au cœur, au cerveau. Il a fallu tellement de cris pour que tu avoues et tellement de « *tu sais tout* » que ce soir, là, encore, en éjaculant, si tu savais, j'ai pensé « *sale putain.* »

Ce n'est pas l'amour, ce n'est plus de l'amour, ce n'est pas la sexualité qui soude notre couple mais la sensualité ;

cette fusion de nos corps que tu n'imaginais pas possible, qui te retient, qui te fait tout supporter, même les pires insultes que tu as méritées. Mais la sexualité, celle dont tu pourrais te passer, la pénétration que tu regrettes "parfois" quand tu voudrais que j'apprécie nos corps serrés, oh oui que j'apprécie !... « *C'est suffisant* », la sexualité que tu ne peux pas vraiment connaître à cause de cette maudite excision. Cette mutilation, tu déconseilles à tes frères et sœurs de la pratiquer sur leurs filles, en leur expliquant qu'il ne s'agit pas d'une obligation musulmane mais d'une tradition, cette excision censée éviter aux femmes de devenir des femelles en chaleur « *comme les européennes* », cette excision qui permet à l'homme de s'assurer qu'il est le premier, plus je te regarde nue et plus son effet aphrodisiaque me trouble. Mais ce principe de la femme mutilée très excitante ne peut fonctionner qu'avec une soumission totale ! Comme tu me le résumais lors de nos premières journées d'amour, ces jours où j'arrivais chez toi avec la certitude de vivre des heures merveilleuses, encore après octobre 2008, malgré quelques inévitables instants de rappels du grand problème : « *une femme musulmane est toujours disponible pour son mari.* » Tu précisais néanmoins qu'il se devait de lui faire plaisir, en lui achetant des bijoux, des parfums, mais comprenais que je n'en aie pas les moyens. Oui, Amina, j'aimerais pouvoir te parler comme ça, en vrai, pas seulement dans ma tête... si tu avais réaccepté notre merveilleux lien, là, il te réveillerait. Oui, Amina, cette fusion de nos corps, de nos cœurs, de nos émotions, de nos rêves, a existé et contrairement à ton Carlo, je n'ai jamais montré ni ressenti de mécontentement face à tes absences d'orgasmes, j'ai toujours su ressentir, attendre, déclencher, les vibrations de ton corps, ce plaisir qui n'est peut-être pas de l'orgasme mais t'apporte une immense satisfaction, quand tu es d'accord pour l'accepter, quand il ne te fait pas peur, parce que je suis le seul à te l'avoir apporté, même après ta découverte de cet émerveillement possible, oui, tu as cherché ça également avec ce connard, oui, je le comprends mais je ne veux plus l'entendre ton

« tu es le seul qui sache me faire l'amour »… mais oui, si nos corps fusionnent ainsi, c'est parce que je fais réellement attention au tien… et que tu es dans l'amour… quand tu es revenue en décembre 2009 avec dans ton ordinateur le résultat de ton test Vih, avec en toi cette trahison imbécile et indicible, oui, je me souviens très bien que nos corps ont éprouvé de grandes difficultés, car tu étais dans la culpabilité et je ressentais un profond malaise… Tu m'as trompé et même si je te trompais à mon tour, je ne te le pardonnerais jamais, tu as brisé la totale confiance que j'avais en toi, cette pureté à laquelle je t'associais. Malgré tes six mots, j'avais l'espoir de réussir à te permettre de dépasser cet endoctrinement, je pensais avoir le temps, je pensais le temps avec nous… oui, tu finirais par venir, car je te manquerais trop… Oui, j'avais une totale confiance en toi, je n'ai pas voulu recourir au chantage « nous vivons ensemble ou je te quitte » car je n'aurais pas supporté de t'avoir quittée alors qu'il suffisait d'attendre, je croyais qu'il suffisait d'attendre, il ne pouvait rien arriver… et à force de vivre en France, tu t'éloignerais de ces vieilles traditions…

J'entendais sa respiration. J'ai eu envie de lui faire l'amour. Mais je savais qu'il ne fallait surtout pas la réveiller, qu'elle se serait fâchée « je travaille demain… » Ce qui était compréhensible mais suivi de « et on l'a déjà fait »… je me suis masturbé. En pensant à Nadège.

VIII Voisins

Ils vécurent quatre jours ici, n'y passèrent que les nuits. Le mercredi soir, ils emménageaient ! Une pièce chauffée cuisine-salle-à-manger-salon-chambre, une dizaine de mètres carrés, dans l'espace qu'utilisait déjà l'ancien propriétaire en été, donc sans chauffage. Le mardi j'avais participé à la pose d'une fenêtre là où nous nous étions faufilés durant notre visite. C'est surtout Marcel qui l'avait installée. Niveau travaux, je n'ai guère progressé ! Ils nous invitèrent. Amina fut très aimable durant le retour « il t'aurait fallu six mois pour aménager une pièce comme ça. » Ma réponse, pour une fois, lui cloua le bec « avec l'argent de la drogue, tu vois, on en fait des choses, tu devrais t'y mettre. » Elle avait redouté une cohabitation plus longue, présence qui "l'obligeait" à revenir chaque soir de Prayssac.

Ce furent ensuite des relations de bon voisinage mais baiser Nadège devint une obsession. Baiser Nadège, juste la baiser. Qu'Amina soit cocue à son tour ! Car même si c'est « *de l'histoire ancienne* », d'avant que nous nous installions ensemble, c'était toujours là, au fond de la gorge, un dégoût. Peut-être que baiser Nadège, juste la baiser, me guérira...
Faire payer à Amina son passé. Faire payer à Kader de me rabaisser au rang de nègre ?
Baiser Nadège, malgré la rapide mise en garde de Kader :
- Si tu oses contester sa beauté, je t'éclate la cervelle ! Mais si tu la regardes un peu trop, je t'envoie une pelleté de béton sur la tronche. Je sais, elle se promène presque seins nus et en mini-jupe avec rien en dessous mais elle est persuadée, pour l'avoir lu dans un Houellebecq, qu'en Espagne toutes les femmes en font de même. Et comme ici, c'est un peu l'Espagne ! Mais le premier qui la drague, béton sur la tronche, avec même une surdose de chaux.
Mais j'étais bien placé pour savoir qu'un cocu ne s'en aperçoit jamais. Même quand la lecture attentive des mails

aurait suffi à comprendre que les cauchemars exprimaient la réalité.

Du béton de sa belle bétonnière professionnelle. Il l'avait également rachetée à l'ancien propriétaire. J'ai préféré ne pas lui apprendre qu'il l'avait payée plus cher qu'une neuve. Et en liquide naturellement. J'étais là quand la transaction s'était conclue :

« - Au fait, tous ces travaux que j'ai entrepris, pour les continuer il va vous falloir une bonne bétonnière. N'achetez pas une de ces petites machines électriques de supermarchés, elles ne tiennent pas six semaines avec de vrais travaux. Si vous le voulez, je vous cède la mienne, 350 litres, vérin hydraulique, motorisation à l'essence, le top du top.

- Je dis jamais non à un cadeau.

- Céder, c'est à un prix cadeau, mais pas un cadeau quand même ! J'ai une petite retraite ! Je vous la laisse à 2000 euros, je comptais la mettre en vente sur les annonces gratuites du net, à 2500, elle serait partie en deux jours à ce prix-là. C'est du solide, de l'allemande, et jamais elle ne s'est retournée, même une fois une poutre s'est prise dedans, elle a continué à tourner, je vous déconseille d'essayer, car une poutre qui tourne dans une bétonnière, ça vous envole la tête comme si vous passiez sous leurs éoliennes. Mais entre amis, je vous la laisse à 2000, si ça vous intéresse.

- Céder, chez nous, c'est cadeau, on se cède une femme, une voiture.

- Ici, les voitures et les bétonnières on les achète et on les revend, ou on les use. Quant aux femmes, elles nous usent le plus souvent et comme chantait Jacques Brel... pas celles qu'on paye avant mais après ! Je suis un vieux célibataire endurci, un peu misanthrope, mais revenons à notre affaire : elle vous intéresse ?

- Ok, je vais te chercher 2000 et tu me l'amènes tout de suite !

- Marché conclu ! Et comme pour la maison, nous avons notre témoin de bonne moralité ! »

Recette du voisin, Marcel, le vieux Marcel : un sac et demi de ciment, quarante-cinq pelles de mélange sable gravier, et deux pelles de chaux pour mieux lier l'ensemble. Quant à l'eau, tout dépend de ce que l'on veut !

« - J'adore faire du béton, je crois que je vais bétonner toute cette vallée !

- Souviens-toi que tu es béton et qu'un jour tu retourneras au béton !

- J'ai repensé à ce que tu m'as dit hier sur cet "amour béton" que tu croyais avoir trouvé en 2008 et qui n'était qu'un "amour gravillons." Ça fait réfléchir, ce genre de phrase. Nadège est prévenue que si elle me trompe je la tue. Il faudrait toujours dire ça aux femmes. Tu vois, si tu l'avais prévenue, ça l'aurait retenue.

- Loin du cœur et loin des yeux, l'Éthiopie est remplie de queues... Mais jamais je n'aurais imaginé qu'elle puisse me tromper ! Rien qu'une visite chez un gynécologue, elle avait l'impression de subir fun outrage, même au lac de Montcuq elle ne montrait jamais son corps. Elle m'avait tellement convaincu que plus personne d'autre que moi ne la toucherait que je ne croyais même pas aux cauchemars qui me la représentaient avec d'autres mecs.

- En tout cas, Nadège et moi, c'est un amour béton ! »

IX : la vraie vie dans le 9-3

- La véritable histoire de "la vraie vie dans le 9-3", personne ne la connaît ! Je n'en ai pas écrit une ligne ! Fatima, dans le quartier, tout le monde la croit folle. Mais quand j'avais 6 ans, sa porte déjà était toujours ouverte, je m'asseyais sur son canapé et je la regardais taper à la machine à écrire durant des heures. Elle ne m'a jamais lu un mot de ce qu'elle écrivait, elle habite toujours au huitième étage, ma mère au douzième. Je voulais lui acheter une petite maison dans un beau quartier mais elle préfère rester là. Elle me répond qu'on ne déterre pas un vieux chêne. Pourtant, elle a même pas soixante ans, et jamais malade ! Quand je suis sortie de chez Nadège, avec l'obligation de rapidement devenir numéro un chez monsieur Kindle, je t'avoue que je n'avais pas la moindre idée de la manière d'y parvenir. Alors, je suis remonté tout doucement chez ma mère. Ouais mec, malgré tout ce qu'on pourra baver sur moi, je suis un bon fils, jamais elle n'a manqué de rien, ma mère, depuis que j'ai réussi, et elle n'a jamais manqué de ma présence non plus. Sauf cette maudite quinzaine derrière les barreaux, je n'ai jamais été plus de trois jours sans la voir, dès que je suis dans le 9-3. Et c'est au huitième, que le bruit de la machine à écrire m'est parvenu. Si elle était passée à l'ordinateur, peut-être qu'on ne se serait jamais connu, Stéph ! Sa porte était ouverte, comme en ce temps-là... Naturellement, elle ne s'est pas retournée quand je me suis installé dans le canapé. Je me souvenais qu'il ne faut pas l'interrompre, faut la laisser taper et au bout d'un moment elle commence à te parler. Gamin, ça m'intriguait, comment rien qu'au son des pas elle devinait que c'était moi. Je la croyais magicienne. Maintenant, on ne me la fait plus, j'ai tout de suite remarqué son petit miroir planqué dans un creux de ses rideaux, j'ai l'œil désormais, tu sais, à toutes ces petites choses.

« - Kader en chair et en os ! C'est pas possible que tu te souviennes de ta vieille amie !

- Fatima, j'ai besoin de ton aide.

- Mon aide, je la donne quand je veux mais je ne suis à la disposition de personne.

- Je suis un homme maintenant, je sais que tout travail mérite salaire ! J'ai besoin d'une femme de confiance qui tapera à la machine mon histoire.

- Je suis trop cher pour toi, Kader !

- Ton prix sera le mien.

- Cinquante euros de l'heure et j'écris tout ce que tu me dictes, ça passe de ta bouche à mes doigts sans traverser mon cerveau, une manière de te dire que tu peux tout raconter et que je ne saurai jamais rien. Je n'ai rien entendu. Je n'ai rien lu. Je n'ai rien écrit.

- On y va !

- Payable d'avance !

- Et en liquide, même. Donc pas besoin d'ajouter la TVA !

- Tu connais la France, mon Kader ! »

« - Après huit jours, j'avais tout déballé ! Naturellement, je lui ai offert une prime, à Fatima ! Elle m'a pris pour un envoyé du bon Dieu qui lui permettait de payer ses dettes ! Elle n'est pas musulmane. Ni chrétienne ni protestante, pas même juive. Mais témoin de Jéhovah. Je ne pourrais pas t'expliquer la différence. Elle croit qu'il n'y a qu'un Dieu et que c'est le même que celui des autres. Quant à Jésus et Allah, ce sont des imposteurs ! Je te dis ça, si ça t'intéresse. Tu pourras l'apprendre à ton Amina. Bref, quand elle m'a rendu mon texte, j'étais fou de joie au point de le montrer à Anaïs. Elle a éclaté de rire, elle m'a prétendu que ce n'était pas du français mais elle a ajouté, « si tu veux, je te traduis en français. » Forcément, elle ignorait que mon but était de baiser sa rivale. Elle avait compris que je tournais autour de Nadège. Les femmes ont l'instinct, pour ces histoires... Je lui ai simplement montré Amazon Kindle Publishing et elle s'est occupée de tout. Géniale la gamine. Elle aurait juste voulu que je lui sois fidèle... Je t'avoue ne pas l'avoir lu, mon livre !

- Tu dois maintenant sûrement savoir que tu n'es pas le seul dans ce cas ! Certains apprennent quand même des

fiches à distiller aux médias... Toi au moins, tu connaissais
le sujet !... »

X Anaïs

- J'avais l'idée qu'Anaïs écrirait cette fois totalement mes mémoires... C'était logique !

- Mais ce ne fut pas possible. Pauvre Anaïs, quel choc, de perdre une nana comme ça. On se souvient de tout, au crématorium. C'est vrai que la mort, je la connais. Mais même Adam, dont j'avais vu le corps complètement déglingué après ses huit tonneaux, Adam, mon grand frère, mon modèle, pour qui j'ai commencé dans le boulot, dans mon rôle de sentinelle, ça ne m'avait pas remué à ce point, causé les mêmes angoisses. Tout m'est repassé en tête... La première fois... Elle avait fêté ses douze ans la veille et pour la première fois rentrait seule du collège ; j'étais comme souvent le dos accolé à la porte de la cave, je fumais un joint, tranquille, elle est passée... et ce fut instinctif, l'instinct du chasseur qui se jette sur la proie, le bras gauche sous ses jambes, le droit sous son cou et la main qui l'empêche de crier. Elle s'est à peine débattue, elle n'a pas pleuré mais juste après, quand je l'ai aidée à se relever en lui souriant, avec des mots gentils « *j'espère que tu t'en souviendras toute ta vie... j'espère que c'était aussi bon pour toi que pour moi... jamais une fille m'a fait cet effet... tu sais je te kiffe grave depuis des années... mais tu vois, j'ai su attendre que tu sois grande...* » elle m'a envoyé, bien placé, le pire des coups de pied que jamais personne n'avait osé. Quelle force chez cette gamine ! Je ne suis pas tombé. J'ai même réagi en gentleman, et c'est sûrement ce qui a noué la grande complicité que nous avons vécue durant les trois années suivantes « *je l'ai peut-être mérité... maintenant, entre toi et moi, ce ne sera que douceur.* » J'ai passé le mot, personne ne devait la toucher ni l'embêter. Le lendemain, je lui ai offert un magnifique bracelet en or, que j'avais acheté en plus ! J'en avais pas à sa taille en stock. Elle ne m'a pas remercié ! « *Tu crois que c'est suffisant pour ce que tu as fait !* » Voilà, c'était gagné, je savais comment signer la paix. Tout s'achète, tu sais. Alors elle a eu droit au collier et aux boucles d'oreilles, elle a souri, on l'a refait... Les meufs, il suffit d'y mettre le prix, sans les vexer. Elle a vécu des années comme pas une gamine ne peut en espérer dans la cité... Même son sac d'école, y'avait toujours quelqu'un pour lui porter.

- Une rupture d'anévrisme, selon sa mère. Elle fut surprise de ma présence "auprès de la famille." C'est-à-dire à ses côtés. Je l'ai invitée au restaurant, elle a trop, beaucoup trop bu, elle ne tenait presque plus sur ses jambes quand je l'ai raccompagnée. Mais c'est un truc que je déconseille, de baiser la mère quand on vient d'assister à la crémation de la fille.

XI Stéphane Ternoise

« - J'avais touché 150 000 euros d'Amazon, mon premier vrai salaire, je ne pouvais quand même pas les rendre en expliquant que ma correctrice était morte d'une rupture d'anévrisme. Pour la première fois de ma vie, j'ai cru qu'il existait un problème sans solution. Mais ça n'a pas duré. J'ai tapé "écrivain" sur google et découvert un certain Stéphane Ternoise... J'ai tout de suite pigé ses difficultés financières, malgré un catalogue qu'il me faudrait douze vies pour réussir à le lire. Rien que le titre "viré, viré, viré, même viré du Rmi" ça veut tout dire. « Dans Ternoise, il y a Terns. Ça ne peut pas être un hasard que son site ecrivain.pro soit en première page. Ce sera lui, mon nègre » Tu as été difficile à convaincre, avec tes histoires de vrai contrat. T'es un mec bizarre, comme j'aurais jamais cru qu'il pouvait en exister. Un mec sans télé, un mec qui lit des bouquins, qui écrit, qui croit vraiment que c'est important. Ici, on te considère comme un marginal, tu vois, les infos circulent vite ! La bergère, elle a pas l'air de t'aimer, par exemple ! Que tu vives avec une black, c'est la cerise sur le gâteau, comme ils bavent. Le mélange des couleurs, tu sais, on ne connaît que ça dans le 9-3 et pourtant tu n'es ni comme eux ni comme nous. T'es de la planète Mars, comme dit Nadège !
- Et elle de Saturne ?
- Tu la trouves bizarre, toi aussi ?
- Non, c'était juste une réponse comme ça. Mars, Saturne.
- Ah ok ! Humour d'intellos ! Mais entre nous, heureusement que je la change Nadège, j'en fais ce que je veux, car elle a des idées étranges. Je crois qu'elle a lu trop de livres, je préférerais qu'elle regarde les séries américaines. Pour les femmes, c'est mieux. ça doit être la lecture qui vous rend comme ça, un peu déconnectés de la vraie vie. Tu sais, la vie ça n'a rien à voir avec ce que l'on trouve dans les bouquins !
- Eh oui, j'ai même créé le concept de sérénamour, amour serein en aspirations similaires et après l'avoir lu sur Internet Amina fut persuadée, même avant de me

rencontrer, que j'étais l'homme qu'elle attendait depuis toujours, et c'est grâce à ce livre sûrement si nos premières semaines furent parfaites. Du livre aux lèvres, il n'y a parfois que cent quarante kilomètres. Mais pour le quotidien, tu as sûrement raison. Peut-être que je finirai comme ton ancien propriétaire, un vieux célibataire seul et chauve, mais pénard ! Misanthrope.

- Je pourrais pas : si je reste trois jours sans baiser, je pète un câble. Donc je ne serais jamais mis en taupe. Les taupinières, c'est pas pour moi !

XII Triomphe « littéraire »

Combien d'amis, ou d'assistants dévoués, sont nécessaires pour manipuler les classements des meilleures ventes sur les plateformes numériques ? Il ne s'agit même pas des "immorales" fausses critiques chargées d'encenser un navet, comme les "professionnels" font semblant d'en découvrir l'existence !

Septembre 2012 restera une grande date pour les critiques littéraires qui à peu de frais ont redoré leur blason. Enfin, ils le pensent !
Il y eut d'abord la chute de Todd Rutherford, après révélations par le New York Times de son business plan pourtant public et très lucratif : sa start-up, gettingbookreviews.com, proposait des prestations aux écrivains : la rédaction de critiques positives.
Il vendait des packs de vingt ou cinquante bonnes critiques...
Le "petit malin" se serait ainsi octroyé jusqu'à 28 000 dollars de salaire mensuel, grâce au recrutement de « pigistes » peu rémunérés.
Google ferma son compte et Amazon supprima une partie des 4531 louanges répertoriées. Todd Rutherford s'est rapidement lancé sur un autre créneau : la vente de camping-cars mais réfléchirait à un retour au service de la littérature.

Quant à l'auteur britannique de romans policiers, RJ Ellory, quasi inconnu en France, il s'est fait prendre les doigts dans le pot de confiture, avouant finalement se glorifier sur Amazon, via pseudos, naturellement. Il en profitait même pour descendre sèchement ses concurrents.
Jeremy Duns, l'un des ses collègues, a prétendu sur un forum qu'Ellory se cachait derrière les pseudonymes Jelly Bean, Nicodemus Jones... et tout s'enchaîna... le "fraudeur" y a gagné une bonne publicité... Car qui tombe vraiment des nues ? Il a simplement appliqué, en le détournant légèrement, le système du copinage (ou du

renvoi d'ascenseur) qui prévaut dans la critique littéraire classique.

Ce n'est certes peut-être pas très sportif de prétendre en commentaire que l'on est "*l'un des plus talentueux auteurs d'aujourd'hui*"... mais est-ce plus honorable, quand on exerce la profession de critique d'un grand média, d'encenser les collègues écrivains publiés chez le même éditeur, qui eux s'empressent avec leur casquette chroniqueur, de renvoyer ce cher ascenseur ? Non, ça ne se passe pas ainsi ? C'était avant ?

Je me souviens et je retrouve dans *La littérature sans estomac*, de Pierre Jourde : « *Certains organes littéraires ont une responsabilité dans la médiocrité de la production littéraire contemporaine. On pourrait attendre des critiques et des journalistes qu'ils tentent, sinon de dénoncer la fabrication d'ersatz d'écrivains, du moins de défendre de vrais auteurs. Non que cela n'arrive pas. Mais la critique de bonne foi est noyée dans le flot de la critique de complaisance. On connaît cette spécialité française, qui continue à étonner la probité anglo-saxonne : ceux qui parlent des livres sont aussi ceux qui les écrivent et qui les publient.* »
La médiocrité de la production littéraire contemporaine...
Face à cela, François Busnel part aux Etats-Unis interroger « *les derniers fous* », les descendants des Balzac, Hugo... et raconte « *Ce qui est intéressant, c'est d'aller à la rencontre des derniers grands fous qui sont les fous géniaux. Si on avait pu aller rencontrer au 19ème siècle Baudelaire, Flaubert, Gérard De Nerval, Lamartine, Victor Hugo, Balzac, vous pensez que l'on aurait eu affaire à des gens normaux ? Mais pas du tout, ce sont des grands fous mais c'est des fous géniaux. C'est c'qu'on appelle les fous littéraires. Et alors, aux Etats-Unis, il se passe quelque chose d'assez incroyable, c'est que l'écrivain n'a pas de statut social, c'est-à-dire il n'est pas comme à Saint-Germain-des-Prés, en train de donner son avis sur tout, de boire des coups pour se faire remarquer par la presse et par les gens, il signe pas*

d'autographes... Au contraire il n'a aucun ego donc il s'enfonce dans cette espèce de folie qui est créatrice du coup, qui devient une folie créatrice, régénérante, c'est ça qui est absolument extraordinaire avec eux, donc on est au cœur du processus de création. »

Faire le pitre médiatique serait donc un statut social ! En France. Sur le même sujet, interview d'Alain Beuve-Méry (petit-fils du fondateur du *Monde*, Hubert) qui « *couvre le secteur de l'édition pour le journal Le Monde depuis 5 ans* », au 8 Octobre 2011, réalisée par F.K de tahiti-infos.com à l'occasion du "*Salon Lire en Polynésie.*"

« - Avez-vous lu l'un des ouvrages édités localement ?
- C'est très frais, mais je viens de lire le dernier Chantal Spitz, *Elles. Terre d'enfance. Roman à deux encres.* (...)
- On est en pleine rentrée littéraire en métropole. Ce livre pourrait-il percer ?
- C'est un livre qui mérite d'être édité, assurément. Mais vous le savez sûrement, entre 600 et 700 romans paraissent entre le 25 août et le 15 octobre chaque année. Tout dépend donc beaucoup de la maison d'édition dans laquelle vous êtes édité, et du travail fait en amont par les attachés de presse auprès des journalistes et des jurés littéraires. Chantal Spitz est un frêle esquif au milieu de nombreux bateaux. Mais pourquoi pas ? Son livre pourrait, ou devrait, trouver un public en France. J'espère pouvoir en parler avec elle au Salon. C'est très intéressant de rencontrer de vrais écrivains, très différents de ceux qu'on a l'habitude de lire en France. »

Je me souviens et je retrouve dans le carton *Le Monde* justement, un article certes ancien, du 9 mars 2007, un soutien aux libraires où Baptiste-Marrey (noté écrivain), n'hésitait même pas à reconnaître : « *les grands groupes publient, distribuent, vendent et font commenter favorablement les titres qu'ils produisent.* » Normal, il publiait dans *le Monde* ! Normal ? C'est tellement banal, entré dans l'inconscient collectif, qu'ils peuvent le reconnaître au détour d'une phrase, sans susciter d'indignation, sans même se rendre compte de l'énormité de l'aveu qui les discrédite plus que nos commentaires. Mais ils continuent, continueront sûrement tant que leurs publications s'écouleront.

Quant au "Philippe Forest, écrivain", bel exemple, en 2012, de critique déontologique : au risible il ajoute la suprême morale en encensant l'icône Angot, après le rachat de Flammarion par Gallimard. "P. F." publiant désormais chez "le plus prestigieux des éditeurs" (sûrement normal quand on peut se prévaloir de signer dans *Le Monde des Livres* même si je ne doute pas de la qualité de sa plume, nettement supérieure à celle d'Anaïs) et Flammarion ayant le grand bonheur de compter dans son écurie les régimes Dukan et mademoiselle ou madame Angot (comme il lui plaira). Je ne résiste pas au plaisir de reprendre la remarquable (qui se remarque) analyse de "Philippe Forest, écrivain" : « *À juste titre, on dit souvent d'un vrai roman qu'il est irrésumable, car en rendre compte sous une forme autre que celle que son auteur a choisie revient précisément à défaire ce que celui-ci a voulu faire. C'est particulièrement le cas avec le nouveau livre de Christine Angot.* » Oui, disons-le simplement "Philippe Forest, écrivain" a débuté sa carrière par un "*Philippe Sollers*", au Seuil, en 1992. Philippe Sollers historique icône du *Monde des Livres*. Une grande famille... Ah, la révolution numérique ! Il faudrait qu'elle balaye également ces gens-là, comme les politiques, genre Malvy, Filippetti et compagnie. Tous, même s'ils connaissent parfaitement et déplorent durant leurs heures de lucidité les dérives du système, le préfèrent à une révolution qui pourrait, qui devrait, les emporter. J'ai sûrement eu tort d'exposer mes envies, raisonnements, conceptions révolutionnaires ! Mais c'est une révolution tellement morale, juste, digne, honnête qu'elle "aurait dû" susciter une adhésion immédiate chez les écrivains. C'est oublier le célèbre "un tiens vaut mieux que deux tu l'auras." Oui, les écrivains sont des petits enfants qu'il faut prendre par la main ou de vieux messieurs frileux. Que cesse l'exploitation des créateurs par les marchands, nous aurions pu nous entendre sur ce minimum revendicatif ! Oui, je suis sûrement grillé partout. Un révolutionnaire n'intéresse que cinquante ans après sa mort ! Ça y est, comme Stendhal, me v'la en position de ne plus espérer qu'une reconnaissance posthume. Donc « *l'homme d'esprit doit s'appliquer à acquérir ce qui lui est strictement nécessaire pour ne dépendre de personne.* » Si ma mémoire est bonne ! En tout cas, le constat ne m'accorde pas trente-six chemins : je dois vivre de peu, me débrouiller avec des bouts de ficelles, donc Amina est devenue un poids, une contrainte insupportable. On paye toujours ses moments de jouissances ! Finalement, le plaisir solitaire est le plus approprié à l'écrivain indépendant en 2012 ! Décidément, peu importent les chemins qui m'amènent à penser à elle, la même conclusion s'impose : on ne fait pas sa vie avec une femme qui n'est pas à 100% dans son couple. Oui, tu me répondrais y être… mais ta mère, mais Kagera, mais tes frères, tes sœurs, ta religion, ton fils, tes amis, ton besoin régulier de jubiler quand remonte le non assumé…

- Les fausses critiques sont utiles mais la victoire s'est gagnée avec les faux achats !

Ce qui n'est pas nouveau, je me souviens de cette histoire (avouée bien plus tard par les protagonistes, sans soulever d'indignation) quand quelques disquaires servaient de référence pour le classement des ventes de vinyles dans notre pays : certains n'hésitaient pas à acheter leur poulain en nombre ! Un bon plan pour eux comme pour le disquaire ! Combien gagne Amazon grâce aux achats dont le seul but est de faire monter l'œuvre d'un ami ou parent ?

- Une dizaine de vrais potes, chargés des critiques de lecteurs, c'est nettement suffisant. Cinq clics rapides sur NON à "*avez-vous trouvé ce commentaire utile ?*" et il disparaît dans les profondeurs invisibles le sale message du client déçu. La moyenne des notes doit dépasser 4 sur 5 ! Toute réaction avec moins de quatre étoiles sera systématiquement marginalisée. « *J'ai acheté ce livre en me basant sur les avis élogieux. Pour moi c'est un flop ! Le sujet est quelconque. Aucun style, syntaxe et grammaire à revoir...* » Casse-toi, sale prof ! Tu ne vas pas me gonfler pour tes 99 centimes ! Tu as eu ta part de rêve ! Celui de découvrir Kader !

Ce genre de technique se décline désormais en "site de lecteurs" avec les auteurs éditeurs particulièrement ciblés. L'auteur intéressé est prié de rembourser aux acheteurs (plus une forte commission pour le site) les dépenses de ces critiques "bénévoles." Ces "achats remboursés" doivent permettre au livre de monter dans les classements, se faire remarquer, générer de véritables ventes... Pratique scandaleuse ? Quand dans un catalogue Carrefour ou Leclerc figure un produit "premier achat remboursé" il s'agit bien également pour la marque d'acquérir de la visibilité... Naturellement, dans ce genre de marketing, l'écrivain indépendant ne peut rivaliser avec les mastodontes, il peut juste sacrifier ses économies pour un résultat dérisoire. Mais c'est bien "la part du rêve" que sont disposés à payer de nombreux apprentis auteurs... Que les indépendants soient particulièrement visés montre bien l'optique "recherche de pigeons". Pratique venue des Etats-Unis et rapidement déclinée en France... Auto-edition.com fut naturellement démarché... Ce genre de bon plan (surtout pour les gestionnaires du site mais des "petits malins" devraient ainsi obtenir quelques jours de visibilité) est naturellement à déconseiller mais devrais-je proposer une journée d'achat remboursé ?

- Quelques clics sur OUI suffisent pour imposer les 5 étoiles « *J'ai adoré ce livre, il est finement écrit, l'auteur nous fait entrer dans la peau d'un banlieusard qui cherche l'amour... âmes sensibles venez découvrir la vraie vie dans le 9-3 !* » Ça c'est de la critique ! T'aimerais en avoir de la bonne comme ça ! Y'a un mec de banlieue qui m'a écrit ça !

Je n'ai pas pu m'empêcher de vérifier ! Exact !

« - Il faut devenir incritiquable ! Que toute personne déçue n'ose pas l'écrire, se sente vaguement coupable. S'il n'a pas aimé, c'est qu'il n'y comprend rien à la nouvelle littérature, aux banlieues, aux jeunes, c'est même du racisme anti-jeunes, anti-beurs...

- Un relent de racisme dans toute vraie critique ! Tu as gagné grâce au politiquement correct ! Les bons soldats de l'industrie culturelle n'allaient pas te jeter la première pierre ! Oui, chapeau, finalement, tu as compris notre époque ! Christine Angot derrière le drapeau « inceste », Stéphane Hessel « vieux résistant » et toi « banlieue numérique. » Grande victoire du « tout est culturel » estampillé Jack Lang !

- Jacques Langue ? Encore un de tes philosophes ?...

- Laisse, je te parle d'un temps où la gauche prétendait faire de la politique autrement ! François Mitterrand avait promis l'imagination au pouvoir en 1981 et en 2012 nous avons toujours Martin Malvy à la tête de la région !

- Pourquoi tu me sors toujours des noms qui ne passent pas à la télévision ? Chirac, Balladur, OK ! Comme je les adorais ces deux-là, quand j'étais môme ! Je ne ratais pour rien au monde les guignols de l'info. Maly, en plus, certain que c'est même pas un africain !

- Pourtant la saga de cette famille mériterait bien un feuilleton, de la guerre 14 au TGV toulousain en passant par les pleins pouvoirs accordés au maréchal Pétain, y'a toujours un Malvy quelque part depuis cent ans !

- Mais tu sais, tout ça, ça ne te sert à rien, tu ne sais pas en faire un vrai bouquin ! »

Et bing dans les dents. J'avais l'impression de lui servir de punching ball verbal. Quelque part, en souriant, je l'encourageais à continuer ! Sûrement pas par masochisme mais je ne pouvais me leurrer : une vie en échec professionnel et sentimental. Même si me complaire en relativisant sur des livres nettement meilleurs que ceux de pantins était possible, comme un couple pas pire que bien d'autres, une maison en pierre blanche à la campagne... entre ce que j'ai voulu en quittant le salariat en 1993 et ma vie presque vingt ans plus tard, certes la satisfaction d'avoir tenu m'évite la dépression mais l'échec est bien là, la route ne mène nulle part ! Où pourrait-elle mener ? L'Amour et une "certaine reconnaissance" littéraire ? Et là, je vais où ? « *Au bout de la nuit* » ?

Amina venait de le relire, elle me conseillait d'en faire de même. Je me souvenais encore très bien de l'impression de malaise quand en 2006 ou 2007, après tellement de tentatives sans parvenir à dépasser une vingtaine de pages, enfin je le terminais. Le style de Céline m'avait rebuté durant des années et là ce *voyage* me renvoyait à mes propres sensations pour lesquelles aucun mot ne me venait au quotidien. C'était donc avant Amina, durant cette période de découverte des sites de rencontres, et de nombreux enthousiasmes, espoirs…

Face à Kader, je souriais, il ne pouvait pas imaginer (et ce n'est pas une critique, il n'avait même pas vingt-cinq ans, je me souviens qu'à cet âge j'aurais bien été incapable de comprendre "un vieux"... d'ailleurs ces hommes me regardaient de haut, comme un petit jeune, dans une société à la structuration bien plus marquée... le "faire de la place aux jeunes" n'est venu que plus tard... les "révoltés de mai 68" sont parvenus à maintenir dans l'ombre la génération suivante qui s'est rapidement retrouvée poussée aux oubliettes par celle qui suivait, plus aguerrie aux nouvelles technologies... je suis d'une génération de transition, qui doit payer les retraites dorées de ces baby boomer... enfin, c'est ce genre de conceptualisation qui tournait dans ma tête après nos "échanges", en retraversant la forêt), il ne pouvait pas imaginer que loin de penser "*s'il n'était pas mon employeur je lui casse la gueule*" comme il le croyait (confidence de Nadège) me venait souvent "*il te faut sûrement ces baffes dans la tronche pour aller au fond de toi, y puiser le texte essentiel, c'est ton voyage au bout de la nuit.*" Une seule fois, j'aurais pu le tabasser mais il faut croire que jamais la violence ne constitue une réponse chez moi.

Pourtant, je continuais à laisser Amina me maintenir dans l'incapacité d'écrire vraiment mais de plus en plus me virevoltait dans la tête un "quand la corde n'est pas assez tendue, elle n'émet aucun bruit, quand elle est trop tendue, elle casse." La sensation d'arriver à une période cruciale s'imposa durant ces jours de mars et avril 2012. Je ne pouvais naturellement pas occulter que deux ans plus tôt, elle continuait à m'écrire "mon Amour" tout en couchant dès qu'elle le pouvait avec son fonctionnaire européen, italien, en mission en Éthiopie.

- Quand tu es un minimum futé, tu comprends vite leur fonctionnement ! Il faut laisser un 3 étoiles car Amazon adore opposer un avis très favorable 5 étoiles avec la "critique négative la plus appréciée" qui débute aux 3 étoiles. Un 3 étoiles qui conseille d'acheter, c'est clean ! Votre problème, à vous les écrivains, c'est l'intelligence, alors que dans la vie il faut être futé, même dans l'édition.

- J'ai braqué des banques sans même une seule garde-à-vue (mais non monsieur le juge, je plaisante, forcément, c'est de la littérature, il ne faut pas croire non plus que Frédéric Beigbeder dans la vraie vie... ah c'est super la littérature, on peut raconter la vérité tout en prétendant que c'est de la fiction, alors que vous, les écrivains, vous continuez à essayer de nous faire croire que vos histoires abracadabrantes sont vraies !). J'ai piloté la distribution de la petite poudre blanche (idem). Et comme l'ont raconté les médias, j'ai passé quinze jours derrière les barreaux pour trafic de cannabis. Préventive ! Et parcours de réinsertion pour éviter la prison... Oh merci monsieur le juge de m'avoir donné l'occasion de croiser Nadj ! Tu as tort, de ne pas jouer la carte *Dépêche du Midi*, le Baylet m'a l'air d'un brave type, en Fernandel de la dépénalisation du shit. Il faut toujours savoir s'unir avec les plus forts, c'est la seule manière de prendre leur place. Ce qui fait de moi un bon représentant de la banlieue, révélé au grand public grâce à la vague d'achats de sympathie pour ce livre numérique à 99 centimes d'euros. Comme c'est drôle ! Comme vous êtes cons ! Comme le répétait si souvent Adam « la connerie humaine est sans limite et les écoles des profs ne font que l'aggraver, ce qu'il faut comprendre dans cette vie c'est qu'il y a ceux qui réussissent et les autres ; avec moi, tu connais le plus court chemin pour passer du bon côté. » Et il ajoutait même un truc qui va te montrer qu'Adam c'était un mec d'une intelligence au-dessus de la moyenne : « quand tu nais à l'ombre, mec, si tu suis les bons conseils des privilégiés, tu ne verras jamais le vrai soleil. » Adam, il était parti de rien dans la cité, il avait tout organisé. La vie est parfois injuste. Il aurait pu devenir député, mon frère ! C'était son ambition, c'est ce qu'il m'avait expliqué « pour devenir indéboulonnable, il suffit que je devienne député, le PS recherche des mecs comme moi pour éviter que la banlieue s'enflamme. » Il avait même rencontré Bernard Tapie, mon frère !

Il me croyait impressionné. J'hésitais et finalement je pense avoir eu raison de retenir « Mesrine, dans *l'instinct de mort*, a écrit une phrase de ce genre ». Soit le nom lui était inconnu, soit il aurait voulu savoir comme moi, « un brave paysan » (« finalement, tu ressembles plus à un brave paysan du Moyen-âge qu'à un écrivain », il m'avait balancé le 7 mars) j'avais lu son héros.

- Le premier achat, c'est d'Anaïs, avec le compte Amazon de sa mère, où la vieille a enregistré sa carte bancaire. Un truc de louf, ce système ! Son mot de passe, c'est le prénom de sa fille et une fois que tu es connecté à son compte, tu peux acheter ce que tu veux car elle a mémorisé sa carte ! Enregistrez votre carte, c'est plus pratique ! Y'a un fric dingue à se faire en piratant ce genre de compte... enfin, si ça t'intéresse... Pas besoin de commander leur Kindle, il suffit de télécharger un logiciel de lecture sur ordi. Mais deux heures plus tard, toujours rien en dessous de « *Moyenne des commentaires client : Soyez la première personne à écrire un commentaire sur cet article* » là où j'avais bien pigé que les livres qui se vendent avaient une ligne « *n° 999 dans la Boutique Kindle* » avec à côté entre parenthèse le « *Voir le Top 100 dans la Boutique Kindle.* » Et c'est là qu'il fallait que je sois. En plus, impossible d'acheter deux fois le même ebook !

« - Au fait, ça va te servir à quoi, d'être numéro 1 dans ce truc d'intellos ?
- La frime, Anaïs, la frime ! Et... secret ma princesse... Des contacts dans le show-biz ! Y'a un fric dingue à se faire. Demain, ils seront tous mes clients ! »
Je lui avais promis de lui obtenir un autographe de Grégoire. Elle l'adorait.

- Avec ma carte bancaire, je voulais me créer un compte... mais Anaïs m'a expliqué qu'on serait vite repéré, avec un truc d'adresses Hip Hop qui permet de reconnaître d'où l'on se connecte... Y'a eu tout un tas de problèmes, on a pu en acheter que cinq dans la journée. Et le lendemain matin : « n° 324 dans la Boutique Kindle. » Anaïs était folle de joie mais je me demandais : il en faut combien, des ventes, pour arriver numéro un ?

- Alors, il a fallu s'organiser. Anaïs fut géniale, elle m'a imprimé une page « achat du bouquin de Kader sur Amazon, mode d'emploi. » Avec noté en gras « Opération Top secrète, l'information ne doit pas sortir de la cité » Et cinq cents à la photocopieuse ! Ensuite, un gamin fut chargé d'attacher à chaque feuille un billet de vingt euros avec un trombone. Oui, c'est un truc que je te conseille, il faut toujours garder cinq cents billets de vingt euros planqués quelque part ! Je suis sérieux ! On croit que les billets de cent euros, c'est la classe. Mais les pauvres se demandent toujours s'il s'agit d'un faux. Vingt euros, c'est la coupure discrète. Et grande réunion du Conseil des Ministres, comme on dit. Il s'agissait d'abord de faire acheter chaque jour quinze ebooks. Chaque personne recevant "un document" devait en télécharger au moins trois à quatre cinq jours d'intervalle et nous rendre le mode d'emploi avec les dates et heures d'achat. Tout le monde a cru que j'avais les moyens de vérifier ! 10 000 euros pour le cul de Nadège à volonté, j'aurais donné bien plus. Tu me diras, radin comme tu es, selon qui tu sais !, attacher un billet de dix euros aurait suffi mais il existe des moments où il faut savoir être généreux !

XIII Nadège piégée

- Nadège a tout de suite flairé l'entourloupe. Elle a d'abord cru que j'avais piraté sa connexion !

« - Non, ce n'est pas possible !
- Tu me prends pour un menteur ? On n'a pas d'éducation mais on n'a qu'une parole, nous. On n'est pas du genre à partir en Suisse pour pas payer nos impôts ! D'ailleurs on n'en paye pas ! Tu essayes de te défiler pour ne pas me donner ce que j'attends depuis le premier jour ? »

- Elle m'a regardé bizarrement. Puis avec une frayeur dans les yeux, comme au cinéma. Je crois bien qu'elle avait oublié les conséquences de ma présence en tête du Top d'Amazon Kindle ! Elle n'y avait jamais cru, que ce soit possible !

Kader avait deviné. Nadège m'a raconté le 21 mars : « Je me suis sentie redevenir un objet. J'ai failli m'évanouir. Ce n'était plus Kader que j'avais devant moi mais Carlo, l'ignoble Carlo. Pablo était un camarade de classe et presque un voisin, il avait la chance d'avoir des parents riches, selon les commentaires de l'époque. Même si son père, fonctionnaire européen, un italien marié à une française, séjournait régulièrement en Afrique, en missions. Mais cet été-là, j'avais 10 ans, son père était présent quand Pablo fut malade, je ne sais même plus de quoi. Quand je suis arrivé, Carlo m'a raconté qu'il venait de s'endormir mais qu'il n'allait pas tarder à se réveiller, qu'il fallait l'attendre... Il m'a demandé si je voulais jouer au Monopoly, forcément j'étais d'accord. « *Alors, on joue à l'italienne, si tu veux.* » J'ignorais naturellement ce que ça signifiait et j'ai répondu « *d'accord* ». C'est moi la première qui ait acheté une rue, alors il a retiré une chaussette, ça m'a fait rire, mais c'était ça "jouer à l'italienne", quand l'adversaire achetait un quartier, il fallait lui donner un de ses vêtements. On s'est donc rapidement retrouvés nus. Alors, ce fut la pause. Un verre de jus d'orange pour moi. Sur le canapé, je me suis sentie toute joyeuse et en même temps fatiguée, il m'a prise dans ses bras, et j'ai senti une grande douleur dans le bas du ventre mais il me caressait, et je me sentais tellement joyeuse... Fatiguée et joyeuse. Je me suis réveillée le lendemain matin dans son lit, il avait téléphoné à ma mère pour lui expliquer que j'avais joué toute l'après-midi avec Pablo et que je m'étais endormie, que son épouse venait de me border. Ma mère était tellement impressionnée par ce fonctionnaire européen... et très honorée quelque part... Au réveil j'étais toute bizarre, quelque chose en moi tremblait... mais je n'avais même pas la lucidité de me demander ce que je faisais là... il m'a appelée « *princesse* »... il était allé acheter des croissants qui m'attendaient sur une petite table avec du jus d'orange... Après ce jus d'orange je me suis sentie de nouveau toute excitée et plus du tout fatiguée, je planais... il m'embrassait sur la bouche... quelque part c'était bien même si je sentais, sans comprendre, que je n'étais plus moi... J'étais suffisamment lucide pour réaliser qu'il se passait quelque chose de dramatique mais pas assez pour m'enfuir, il m'a pénétrée, comme il ose ajouter « *avec une grande tendresse* » mais je me suis sentie un objet... Et ça a continué durant des années... je suis même partie une semaine en vacances avec eux... J'ai été leur objet... à sa femme également... Elle préférait que son mari « *s'amuse avec la gamine plutôt que d'aller traîner n'importe où.* » Ils m'ont volé mon enfance... Je sais maintenant qu'il possède toute une pharmacie de petites fioles, c'est comme ça également qu'il a euphorisée Amina, d'abord à l'aéroport du Caire avec un Coca qu'il a eu la gentillesse d'aller lui chercher au bar puis à Addis-Abeba... Toute cette enfance que je croyais avoir réussi à surmonter est revenue, là, devant Kader. Quand il m'a posé les mains sur les épaules, j'ai senti une poigne de fer. Je savais que je ne m'en sortirais pas sans lui donner ce qu'il voulait me prendre. Je savais qu'il allait faire comme l'autre. »

« - Tu...

- Eh oui, mon ange, mon amour, ferme les volets, je vais te prendre ici, sur la moquette ou sur une chaise, comme tu préfères...

- Tu... Ce n'est pas possible que ce soit toi !

- Kader Terns et ma photo, qu'est-ce qu'il te faut... Allez, je te laisse cinq minutes, tu peux faire le tour du quartier pour vérifier que sur l'ensemble des ordinateurs du monde entier, "*la vraie vie dans le 9-3*" cartonne !

- Mon Dieu !

- Ton Dieu, c'est moi maintenant ! Et tu vas connaître le septième ciel, ma belle. »

- Ce fut encore mieux qu'avec Anaïs... J'étais fier, tout le reste je m'en foutais comme de mon premier braquage... Elle m'a lu après son deuxième orgasme.

« - Ce n'est pas possible que tu sois en tête des ventes avec ça ! Je rêve... comme dirait Laurent Fabius ! Ou alors ils pensent tous que c'est un nouveau tour de Jack-Alain Léger. C'est bien de toi ?... Maintenant que tu m'as eue...

- Pour qui tu me prends ! Kader Terns, t'en connais d'autres ?

- Tu as déjà entendu parler de Jack-Alain Léger ?

- Ne me pose pas des questions dont tu connais la réponse.

- Ce ne serait pas un de tes clients ? Même s'il prétend ne plus se droguer depuis des années... Tu l'aurais rencontré et tu tiendrais le rôle de l'auteur ? C'est ça ?

- T'as trop d'imagination ! C'est qui ton Jack ? Il est du coin ?

- Jack-Alain Léger est un écrivain assez connu mais comme un peu avant l'an 2000 il ne trouvait plus d'éditeur, ne vendait plus, il a écrit "*Vivre me tue*", le « *témoignage* » d'un jeune beur d'origine marocaine, l'a signé Paul Smaïl. Un best-seller et un scandale littéraire quand on a appris qu'il ne s'agissait pas d'une autobiographie mais d'une mise en scène littéraire.

- Et tu crois qu'il y aurait des nazes pour croire que c'est ton Jack qui signe Kader Terns ? Et ils achèteraient à cause de cela ?

- Sans vouloir te critiquer, ce n'est pas de la littérature comme je t'entends... et même comme témoignage... Je me demande juste comment tu es arrivé à devenir la meilleure vente. Tu as encore magouillé !

- Oh ! Jamais je ne magouillerai plus que François Mitterrand ! Pourquoi tu me regardes comme ça ? Je ne sais pas qui c'est mais l'autre jour le patron du bar m'a répondu ça ! François Mitterrand, tu l'as déjà eu en réinsertion ?

- Tu ignores qui est François Mitterrand ?

- Tu sais, je ne demande jamais le nom des gens. C'est comme ton Jack-Alain.

- Mon Dieu ! »

- Au fait, Stéph, c'est qui, ce François Mitterrand ?

J'ai également, simplement, pu m'exclamer, en souriant :

- Mon Dieu !

- Vous êtes chiants les intellos ! Le jour où je le croise celui-là !

- Je la rebaisais. Mais en même temps, son histoire de Jack me tournait dans la tête. Et si quelques critiques le reconnaissaient ! Le lendemain, tandis que ma belle Nadège subissait, dans son bureau de l'avenue Charles de Gaulle, la grande crise de son Pablo, son "fiancé officiel" qui voulait savoir où elle avait passé la nuit, à notre grande réunion quotidienne je décidais de faire modifier quelques commentaires en introduisant ce Jack et d'envoyer aux médias quelques mails "anonymes", signés François Mitterrand, les informant que l'écrivain réussissait un nouveau coup sous le pseudonyme de Kader Terns.

XIV Jack-Alain Léger

Jack-Alain Léger, connu depuis son entrée "fracassante" dans le monde des lettres en 1976, avec *"Monsignore"*, chez Robert Laffont : trois cent mille exemplaires, adaptation au cinéma, traduction en vingt-trois langues, ne figure pourtant pas parmi nos stars de Saint-Germain-des-Prés. Ses livres suivants ne parvinrent jamais à renouveler le succès... et il semble l'avoir très mal vécu, tout en essayant de capter un peu de lumière, de revenus, en passant entre les mailles du filet...

"Ma vie (titre provisoire)", qu'il publia en juin 1997, n'est pas de l'auto-édition même si "Salvy éditeur" me le laissa croire ! Mais cette maison, dont le nom correspondait si bien à l'ouvrage, édite d'autres auteurs et semble avoir été créée par Gérard-Julien Salvy, un historien de l'art qui selon wikipédia 2012 serait connu pour « *sa biographie du Caravage, ainsi que pour sa traduction annotée de l'ouvrage de Roberto Longhi consacré à ce peintre.* »

"Ma vie (titre provisoire)" résume cette chute dans la considération du milieu littéraire. Néanmoins, ou ironie des publications, au même moment, il réussissait une nouvelle percée, sous le pseudonyme masqué de Paul Smaïl, avec un nouveau best-seller *"Vivre me tue"*. Le « *témoignage d'un jeune beur* » publié chez Balland était donc fictif, ce qui choqua certains, quand l'identité de l'auteur fut connue, en l'an 2000. Sûrement les critiques qu'il dépeignait dans son essai-vérité et qui ne l'aimaient pas... et se sont retrouvés à l'encenser pour son témoignage des difficultés d'insertion d'un jeune beur pourtant très diplômé ! J'imagine bien l'éditeur tentant de persuader les chers et honorables critiques de donner un coup de pouce à cette œuvre bouleversante, très gauche bien pensante...

"Ma vie (titre provisoire)" :
« *J'ai su alors ce que peut nourrir de haine à l'endroit d'un écrivain uniquement écrivain la pègre des gens de lettres dont Balzac a si exactement dépeint les mœurs dans*

Illusions perdues, mœurs qui n'ont pas changé, si ce n'est en pire : vénalité, futilité, servilité.

J'avais perdu mes dernières illusions sur ce milieu dont les pratiques ressemblent tant à celles du Milieu : parasitages de la production, chantages à la protection, intimidations, etc. Publication de livres que l'éditeur juge médiocres ou invendables mais qu'il surpaie à des auteurs disposant d'un pouvoir quelconque dans les médias... (...) Fabrication par des nègres et des plagiaires d'une fausse littérature qui, comme la mauvaise monnaie, chasse la bonne... Calomnies et passages à tabac pour les rares francs-tireurs. « Nous avons les moyens de vous faire taire définitivement ! » me dit, sans rire, un critique, par ailleurs employé d'une maison d'édition et juré de plusieurs prix littéraires auquel j'ai eu le malheur de déplaire. Je n'étais d'aucune coterie, détestant ces douteuses solidarités fondées sur des affinités sexuelles, politiques ou alcooliques, voir une simple promiscuité au marbre d'un journal ou à la table ovale d'un comité de lecture ; j'étais puni. On me faisait payer cher de n'avoir jamais eu de « parrain ». »

« Hé bien ! La guerre continue, la guerre pour trouver ce minimum de paix nécessaire, un éditeur, un contrat, de quoi tenir encore quelques mois. J'en suis là. »

Signer un contrat, empocher un à-valoir, si modeste soit-il, écrire sur commande tout et n'importe quoi. Face aux auteurs en grandes difficultés quotidiennes, les éditeurs apparaissent comme des mastodontes financiers. Dix pages plus tôt, l'auteur notait « *où se situe la ligne de partage entre le compromis acceptable et l'inadmissible compromission ?* »

Jack-Alain Léger figure donc dans la liste de ces auteurs qui auraient pu essayer de gagner à la grande loterie du livre numérique sous pseudo (il semblait, malgré son dégoût des pratiques, ne pas vouloir se couper de ce milieu). Publier sous son nom et sous pseudo, j'ai également tenté. Dans l'indépendance, sans soutien médiatique, les problèmes s'ajoutent plutôt que les chances ! Certes, je pourrais me satisfaire d'un résultat moins catastrophique en quelques mois de numérique qu'en deux décennies de papier invisible. Mais la révolution, c'est autre chose ! Suis-je capable d'écrire le livre de la Révolution numérique ? Le témoignage, l'analyse, qui passera au-dessus des têtes des installés pour toucher le grand public ? Tandis que j'écoutais Kader, ce questionnement revenait régulièrement avec l'impression d'avoir devant moi la clé principale, celle qui ouvrirait la bonne serrure. Oui, Kader fut presque l'homme de la Révolution Numérique, comme Stéphane Hessel, les deux sans vraiment le vouloir, le vieil homme l'aurait d'ailleurs été si le Kindle avait débarqué un an plus tôt mais le vrai lauréat, celui qui marquera l'époque… je me prenais à rêver d'un texte choc. Pas forcément long. Dont le titre constituerait un déclic. Trouver le titre…

En mars 2013, alors que tout cela est fini mais que je n'ai toujours pas publié, j'entends sur *France-Inter* une rediffusion d'une émission de février 2012, où le célébrissime François Busnel recevait notre Jack-Alain Léger, alors 65 ans, une quarantaine de livres au compteur et « *dans une grande période de dépression.* »

Après avoir publié chez Christian Bourgois, Flammarion, Grasset, Laffont, Julliard, Gallimard, Mercure de France, Denoël, Stock, "*Zanzaro circus*" sortait chez "*L'Éditeur*", maison née en janvier 2011 « *à l'initiative d'Olivier Bardolle* » avec « *un bon accueil, ça devrait suffire mais ça ne suffit pas... je ne retrouve pas l'élan qui me fait écrire.* » Un livre peu distribué, l'homme de "*la grande librairie*" semblant très modérément apprécier la conclusion de l'auteur renvoyant à Amazon... où les deux cents pages sont vendues 15 euros 20 pour un prix public à 16 euros. Aucune version numérique.
Selon le monsieur de "*Le grand entretien*" : « *itinéraire d'un écrivain qui n'a plus d'éditeur, l'histoire d'un rocker révolté underground qui n'a plus de label...* »

La "carrière" est revisitée : 1976 : « *une revanche extraordinaire car le livre avait été refusé chez Grasset.* » 1997 : « *ça été formidable de voir tous ceux qui me crachaient dessus trouver ça génial, c'était une joie profonde.* »

« - *Pourquoi avez-vous fait ce coup à la Gary - Ajar ?*
- *Je fais pas les choses en les pensant longtemps, c'est comme ça, ça arrive un matin, tiens je vais écrire ça...* »

Grasset ? FB cite « *le 61 rue des Saint-Pères, c'est le Kremlin sous Staline, c'est le Vatican sous les Borgia* », modéré au micro par l'auteur : « *ce sont des colères et quand on est en colère on ne contrôle plus ce que l'on dit.* »

La musique, les albums "*La Devanture des ivresses*" sous le nom de Melmoth en 1968.
Un album consacré par le grand prix de l'académie Charles-Cros. Pourtant un échec.
« - *Le métier l'a refusé, c'était un petit label qui était distribué par l'énorme multinationale qu'est CBS et CBS a demandé à écouter les paroles une fois que j'ai eu le prix. Ils ont été tellement horrifiés qu'ils l'ont fait retirer des bacs et qu'ils ont annulé le disque.*
- *Dans quel état étiez-vous ?*
- *Fou de rage (...) on était au lendemain de 68 et il y a eu une sorte de reprise en main idéologique très forte, y compris des médias... au lendemain de 68 il fallait que plus rien ne dépasse.* »

Puis "*Obsolete*" sous le nom de Dashiell Hedayat en 1971, avec l'envoûtant "*Chrysler.*" Album acheté sur Priceminister, remis en vente la semaine suivante.

Son "approche littéraire" avec des citations insérées sans guillemets : « *écrire c'est dialoguer avec tout le reste de la littérature* (Busnel intervient avec « *expliquez ça à un avocat, il vous dira que ça s'appelle plagier* ») *Non dialoguer... J'écris parce qu'il y a eu des écrivains, j'écris pas parce que j'ai une peine de cœur ou que j'ai envie de changer le monde. J'écris parce qu'il y eut de la littérature. Malraux disait "Cézanne ne peint pas des pommes parce que y a des pommes mais parce qu'il y a eu des peintres avant qui ont peint des pommes. C'est la même chose. J'écris parce que Balzac, parce que Stendhal, parce que Proust. »*

J'ai également l'impression de dialoguer avec mes prédécesseurs. Mais je crois nécessaire de changer le monde. Eclairer quelques lectrices et lecteurs, c'est changer leur monde, donc le monde. Parmi eux, des écrivains suivront cette voie…

En avril je le découvre dans la première base "*Relire*" des "*indisponibles*" dont les éditeurs vont pouvoir récupérer sans signature des auteurs les droits numériques qui appartiennent pourtant à ces auteurs qui doivent réagir sous six mois pour éviter l'engrenage... Grand cadeau des parlementaires. Je publie alors un court texte pour lequel je pourrais également répondre à monsieur Busnel « Je fais pas les choses en les pensant longtemps, c'est comme ça, ça arrive un matin, tiens je vais écrire ça... » *: "Alertez Jack-Alain Léger !"*, en partant d'un parallèle entre le cri "*Alertez les bébés !*" de Jacques Higelin, son album de 1976 avec le succulent, inoubliable et toujours actuel "*Aujourd'hui la crise !*" et le "*Monsignore*" indisponible et sur lequel le fric à se faire semble correct, avec des miettes que l'écrivain sera prié de réclamer à la Sofia, la bien nommée...

Indisponible : *Autoportrait au loup* (que François Busnel venait de lire)
Flammarion - 1982

Indisponible : *Les souliers rouges de la duchesse*
F. Bourin - 1992

Indisponible : *La gloire est le deuil éclatant du bonheur : quasi un romanzo*
Julliard - 1995

Indisponible : *Capriccio*
Julliard - 1995

Indisponible : Selva oscura
Julliard - 1995

Indisponible : *Le duo du II* - théâtre
Dumerchez - 1992

Indisponible : *Monsignore*
R. Laffont - 1976

Indisponible : *Monsignore II*
R. Laffont - 1981

Huit titres auxquels il convient d'ajouter "*Jeux d'intérieur au bord de l'océan*" publié sous le nom de Dashiell Hedayat chez C. Bourgois en 1979. Mais également "*Prima Donna : roman*" publié sous "Eve Saint-Roch" chez Stock en 1988. Wikipédia qui prétend tout savoir note « Édition intégralement pilonnée par l'éditeur. » Mais visiblement après dépôt légal !

Sur Amazon versant Boutique Kindle, uniquement deux réponses pour Jack-Alain Léger :
- *Mon premier amour* à 5,49 euros. Un livre disponible en poche, 185 pages à 7,12 euros. Editeur : Grasset (1 janvier 1978) ;
- *Un ciel si fragile*. Disponible en poche, Folio de Gallimard (12 septembre 1989), 320 pages à 7,79 euros. Soit moins cher que la version numérique, à 8,49 euros ! Le format broché, 333 pages de chez Grasset (1 juin 1976) navigue dans les mêmes niveaux, à 9,69 (prix public 10,20).

XV Le contrat de nègre

Le contrat entre Kader et moi, ce ne sont que quelques lignes, rédigées dans le style d'un modèle déniché sur le net.

Entre les soussignés Kader Terns, né le 10 mai 1988 à Aubervilliers et Stéphane Ternoise né le 27 octobre 1968 à Arras.

Stéphane Ternoise s'engage à remettre à Kader Terns, au plus tard le 28 février 2013, un texte romancé reprenant ses confidences autobiographiques, d'un minimum de 50 000 mots.

Le 5 de chaque mois, Kader Terns remettra à Stéphane Ternoise un chèque de 2400 euros HT (tva 7% à la date de signature du contrat, soit 2568 TTC) ou effectuera un virement sur son compte bancaire.

Kader Terns s'engage à consacrer au minimum 10 heures par semaine à répondre aux questions de Stéphane Ternoise, soit par téléphone (frais de communication à la charge de Kader Terns), soit par tout autre moyen après accord entre les deux parties.

Si Kader Terns décidait d'arrêter la collaboration avant la remise du manuscrit, soit en l'exprimant formellement soit en ne répondant pas aux questions de Stéphane Ternoise, ce dernier conserverait l'ensemble des paiements et n'aurait aucune obligation de fournir un texte même intermédiaire. Pour démontrer une absence de réponses, Stéphane Ternoise devra envoyer une lettre recommandée nécessaire et suffisante lui spécifiant la date de ses appels et lui proposant une autre date. Faute de réponse par Kader Terns, dans ce cas également par lettre recommandée, le contrat serait considéré rompu par lui (s'il ne prenait pas la lettre recommandée, le contrat serait de même rompu à ses dépens).

En cas d'absence d'un paiement mensuel par Kader Terns, le contrat serait également considéré rompu par lui, avec les mêmes conséquences.

À la remise du manuscrit final (sous forme papier et gravé sur CD au format word et PDF), Kader Terns effectuera un paiement de 10 000 euros HT à Stéphane Ternoise.

Si Kader Terns remplit l'ensemble de ses obligations mais que Stéphane Ternoise ne remet aucun texte dans les 15 jours après demande réitérée en lettre recommandée au-delà du 28 février 2013, Stéphane Ternoise remboursera l'ensemble des sommes perçues.

La remise du manuscrit s'effectuera chez Stéphane Ternoise.

Le décès d'un ou des deux protagonistes stopperait naturellement le contrat, sans qu'aucune des parties ne puisse réclamer un remboursement, une somme due ou un texte.

Sur le livre publié, Kader Terns rétrocédera 5 % de l'ensemble des droits directs ou indirects qu'il percevra, à Stéphane Ternoise, en droits d'auteur.

Fait à Montcuq, le 22 février 2012.

Sûrement pas parfait pour les as du juridique mais un contrat !

XVI 10 heures par semaine

Dix heures par semaine durant un an. Cinq cent vingt heures, quelle ambition pour un tel livre ! Quel professionnalisme ! Je ne pouvais quand même pas limiter les échanges à huit jours. Quand nos "rendez-vous quotidiens" ont débuté, Martin Malvy m'est revenu en tête, versant "*Des racines, des combats et des rêves*" et la magistrale explication donnée par leur *Dépêche du Midi* :

"Pourquoi ce livre ?

C'est Jean-Christophe Giesbert et Marc Teynier qui lui ont proposé l'idée de faire ce livre. « Ancien journaliste, j'ai toujours envie d'écrire. Mais j'en ai rarement le temps », explique-t-il. « Nous avons fixé un rendez-vous en fin d'après-midi un dimanche. Après le premier, je ne pouvais pas arrêter. Nous nous sommes donc vus 7 à 8 dimanches. J'ai répondu à leur question en fumant des cigarettes et en buvant du whisky. On a passé des bons moments »."
Signé : *E.D.*

Un livre bâclé en une quarantaine d'heures, certes avec deux collaborateurs, dont on imagine très bien LA question, du genre "comment faire de vous un héros ?", et peut-être une secrétaire payée par la région pour retranscrire ces entretiens.

Dans mon combat contre le Centre Régional des Lettres, leur refus de m'accorder la possibilité de présenter un dossier pour obtenir une bourse d'écriture de 8 000 euros, blocage de l'indépendant d'une seule phrase *« l'auteur doit avoir publié au moins un livre à compte d'éditeur (sous forme imprimée) »* j'avais fini par personnaliser le combat, défier directement le chef. Quand il publia un nouveau livre, cette fois des entretiens avec un « économiste libéral », Nicolas Bouzou, cette fois chez un éditeur toulousain, Privat, une maison du groupe Fabre, un mastodonte de la beauté, également présent au capital de leur *Dépêche du midi*, j'avais balancé *« quand Martin*

Malvy publie un livre : questions de déontologie. » Pas plus de ventes que les autres essais, une indifférence totale des médias. Mais au moins, qu'il ne nourrisse aucune illusion : quand enfin il sera remplacé, mes commentaires, c'est ce qui restera de sa vie.

Eh oui, ce genre de mec peut faire éditer, et vendre grâce à une abondante couverture médiatique, des feuilles inutiles mais l'explication d'un système perverti où l'éditeur a "sûrement" bénéficié d'abondantes subventions de la région donc peut éditer le patron sans exigence littéraire, même à perte, tout le monde s'en fout. Devrais-je plutôt solliciter des femmes et des hommes politiques pour leur proposer des entretiens ?

Un an, pourquoi consacrer un an à ce genre de projet ? Enregistrer et recopier ces propos comme semblent l'avoir fait ces journalistes ? Je ne suis même pas certain qu'il l'ait relu, notre Président de région... sinon, il se serait aperçu des oublis sur Louis Malvy, sa rencontre avec Mussolini, son soutien aux accords de Munich, son vote ès député des pleins pouvoirs au maréchal Pétain, sa condamnation d'indignité nationale à la Libération... l'homme au pouvoir réécrit certes l'histoire... mais dans certaines limites ! Devoir de vigilance des lectrices et lecteurs... Pourquoi perdre un an avec ce fou ? Pour lui faire croire que c'est compliqué de rédiger une autobiographie ? Qu'il ne vienne pas me réclamer dans huit jours le manuscrit, considérer qu'un paiement mensuel durant douze mois, c'est de l'arnaque, comme le pense d'ailleurs Amina ? 38 800 euros ! Oui, j'ai exagéré. Plus les "cadeaux". Je vais pouvoir installer une fosse sceptique ! Ma chère compagne préférerait qu'on s'offre un long séjour un Djibouti. Mais oui, nous pouvons nous permettre les deux ! Mais non, je préfère en garder un peu pour la suite. Oui, je suis prudent ! Maintenant qu'il est là, vais-je rencontrer ce petit loubard durant un an ? Et supporter de voir Nadège sans la toucher ?

XVII Une forme de routine

Fini l'ordinateur du matin, juste une consultation des mails, parfois l'envoi d'un guide de l'auto-édition numérique, le seul ebook à se vendre un peu sans intermédiaire, parfois une réponse à monsieur Blondin, oui un jour il défendra sur scène nos chansons et ce sera une baffe dans la gueule pour les endormis (oui "ce métier" permet de rêver), parfois l'envoi d'une pièce de théâtre, à une troupe qui ne la jouera "sûrement" pas ou effectuera quelques représentations discrètes, sans verser un euro au dramaturge, et je traverse la forêt, pars « travailler. » Un bloc note en main, quatre stylos (deux noirs, un vert et un rouge) dans la pochette de la chemise. Le portefeuille dans la poche du pantalon.
Quelle est agréable la vie dégagée des soucis pécuniaires ! Il va juste me falloir m'occuper de dépenser un peu d'argent pour éviter de me retrouver imposable pour la première fois depuis 1995 ! Un ordinateur portable, déjà, ce serait peut-être utile... Et ne pas perdre un an ! Donc débuter un vrai roman à côté. Raconter Amina ?

Nadège me prépare un Cappuccino. Le plus souvent elle est même déjà passée à la boulangerie et je déguste au moins deux tranches de brioche. Kader raconte, je note. Sa ravissante compagne nous laisse "travailler", s'éloigne pour lire. Parfois la star lui lance *« ça ne t'intéresse pas ma vie ?! »* et sa réponse a l'air de le déranger *« je lirai le livre de Stéphane. »*

Cet emploi du temps débuta un jeudi, le 1er mars. Il lui avait effectivement suffi de trois jours pour aménager correctement une pièce chauffée et meublée, habitable, servant de cuisine et chambre.

Et immédiatement il s'est fait livrer six tonnes de sable blanc, dix de sable à béton, ainsi que trois palettes de sacs de ciment et douze de parpaings.
Quand plus rien ne me vient pour le relancer, je sors *« on a bien bossé aujourd'hui... »* Il se lève, se change, enfile

un bleu de travail et direction la bétonnière. C'est Marcel qui lui a conseillé le bleu de travail. Premier objectif : une chape de béton dans les caves, toutes encore en terre.

- Il ne faut pas hésiter à mettre la main dedans pour prendre une poignée et voir si on arrive à faire une boule. Sinon tu rajoutes de l'eau ou du mélange sable gravier.

Il me répète les conseils de Marcel. C'est presque devenu un jeu, quelques répliques de notre petit théâtre quotidien.

- Mais tu es fou, de mettre le bras dans la bétonnière alors qu'elle tourne !
- Ça, faut être rapide mon gars, tu passes entre les deux pales, et hop, tu chipes une poignée, ni vu ni connu !
- Lui, il en prend une poignée après l'avoir versé dans sa brouette !
- Perte de temps !

Et effectivement, il ressort une poignée de béton dans la main droite, sans même une égratignure. Nadège lit, dans le salon ou dehors, suivant la météo. Je vais la saluer...
- À demain Nadège... Ah Kundera... *La plaisanterie*... il faudrait que je le relise... je me souviens de l'époque où dans un livre d'Yves Simon revenait le nom de Milan Kundera... et ainsi j'ai acheté mon premier Kundera... ça devait être "risibles amours"... j'ai alors cessé de suivre Yves Simon...
- Je viens de lire "Océan", c'est plutôt bien écrit...
- Je crois qu'Aurélie Filippetti est passée par les mêmes lectures mais elle en est restée là et la construction de son premier roman ne fut que ça, avec l'aide de son cher éditeur ! Et maintenant elle voudrait nous imposer sa conception de l'écrivain ! Un ouvrier guidé par le maître éditeur ! Tu veux la lire ?
- Oui, ça peut être intéressant de confronter son écriture avec celles d'Yves Simon et Milan Kundera... Il t'intéresse encore ?
- Parfois j'ai envie de le relire. Même si je me sens désormais plus proche de Philippe Djian, Michel

Houellebecq, Paul Auster ou Lucia Etxebarria. Il faudra également que je m'intéresse à ses romans récents.
- Je les demanderai à la librairie.

- Les intellos !
Hurle Kader. Nous nous tournons vers lui.
- Ça fait deux minutes que je vous écoute ! Comment vous pouvez parler de choses pareilles ! Tu sais où ça s'achète une taloche ? Marcel m'a dit qu'il m'en faut une pour que le béton soit bien plat à la cave. Il m'avait promis de me prêter la sienne mais hier il l'a oubliée, donc mieux vaut que j'en achète une.
- Je m'y connais en écrivains du 19eme, du 20eme mais une taloche je ne suis pas sûr de savoir ce que c'est. Tu devrais en trouver une à Bricomarché, Obi ou Bricodépôt.
- J'irai ce soir alors.

- Je ne vous dérange pas, les jeunes ?
Marcel arrivait avec une taloche en main. Oui, c'était bien ce que je croyais.

XVIII 11 mars 2012

Kader rapidement parti bétonner, nous en étions aux banalités avec Nadège... Il avait gelé, elle était donc restée à l'intérieur. Je me souvenais d'avoir entendu que le mélange nécessite une température d'au moins cinq degrés mais pas envie de le retenir...

- Tu n'as pas l'air pressé de rentrer...
- Oh, tu sais, depuis qu'Amina a choisi de prendre une chambre à Prayssac durant la semaine, car vingt kilomètres c'est trop épuisant... Donc quand elle est là, forcément très fatiguée, forcément avec des copies à corriger... car bien sûr là-bas elle n'a pas le temps, je préfère être... avec quelqu'un qui me parle vraiment !
- Tu crois qu'elle en profiterait pour te tromper avec ses collègues ou initier ses élèves ?
- Elle m'a promis que jamais plus... Jamais plus car elle m'avait promis que tout allait bien se passer quand elle est repartie à Addis-Abeba, d'où elle m'écrivait chaque jour « mon Amour... »
- Et elle t'a trompé !
- Elle s'est laissée submerger, un soir, après 6 heures de drague effrénée dans l'avion Le Caire - Paris en décembre 2009 puis des heures au téléphone en février 2010 et finalement... Son cher Carlo, diplomate italien en poste à Addis-Abeba, avec qui elle rêva d'une vie de princesse.
- Le père de Pablo !
- Le père de ton ex ? Non, ce n'est pas possible...
- Il nous en a parlé, d'Amina, qui se voyait déjà bague au doigt et gosse dans le ventre... excuse-moi...
- Non, vas-y, raconte. Ses versions ont tellement évolué, que je ne suis pas encore certain de tout savoir…
- En décembre 2009, il neigeait, il est arrivé en nous racontant qu'il avait failli nous amener une petite négresse mais qu'au dernier moment, dans le RER, elle lui a susurré qu'elle ne pouvait pas, qu'elle était désolée, qu'elle en avait envie mais qu'elle ne pouvait pas, qu'elle était attendue, qu'elle savait que ça allait mal se passer mais qu'elle avait des choses désagréables à avouer à son

ami, qu'elle lui raconterait quand ils se reverraient à Addis, qu'ils auraient tout le temps de faire vraiment connaissance... J'arrête, ça te fait trop mal...

- Tu sais depuis longtemps que c'est elle ?

- J'en étais quasiment persuadée... Ça m'a d'abord semblé incroyable... C'est pour cela qu'elle ne m'aime pas... elle a compris que je sais... il m'a suffi de quelques phrases... Tu as entendu parler de Sophie ?

- Elle est cette année la prof de son fils !

- Hé oui ! Dimanche dernier lors de notre ballade durant votre partie de ping-pong, je lui ai balancé en souriant « ah, Sophie, la presque officielle de Carlo, le père de mon ex ! » Elle est passée du noir au vert... J'avais juste ajouté « Le Don Juan des aéroports nous confie ses aventures : à chaque fois qu'il prend l'avion, il ne peut pas s'empêcher de lever une petite dinde, il a même déjà failli nous en ramener une à la maison en décembre 2009. Il voulait la gaver pour Noël ! »

- Je comprends qu'elle te considère désormais comme une personne néfaste ! Elle s'en prend surtout à ta tenue... *« en mars on voit tout, en mai elle sera nue »*. Tu as même été la cause involontaire du lancement d'une énième dispute car son vilain amour a osé lui rétorquer *« tandis que toi, en avril jamais tu ne te découvres d'un fil... de plus qu'en mars où tu montres tout ce que tu n'as pas pu montrer en février. »* J'ai sûrement exagéré mais parfois l'humour permet de sortir des choses qui ne passeront jamais... Elle qui était enchantée que je gagne enfin un peu d'argent comme nègre de Kader, elle considère qu'il faudrait que je lui rende tout, que ça va nuire à ma carrière.

- Tu t'es fait avoir. Comme moi. Un jour je te raconterai... Tout le mal qui m'est tombé dessus, ce n'est que la conséquence du premier de Carlo. J'espère qu'on pourra se parler, Stéphane... Je me sens bien avec toi... et je sais que tu apprécies la belle vue que tu as ici (elle a souri mais je n'ai pas pu m'empêcher de la dévorer des pieds à la tête, je fus même persuadé qu'elle écarta "machinalement" légèrement les jambes quand elle sentit passer mon regard).

J'étais proche de l'évanouissement !
- Tu peux également venir...
- Tu sais... non... tu ne sais pas... mais je ne suis pas vraiment libre de mes mouvements... je vais à la boulangerie le matin, ça me permet de respirer un bon coup... un jour je trouverai peut-être une bonne raison de bouger plus... J'ai vu qu'il y a un club de basket à Lauzerte, je crois que je vais me remettre au sport...
- Il y a également un club de tennis... de table... Je me suis toujours promis de m'y inscrire...
- Oui, nous avons sûrement besoin d'activités sportives...

On s'est souri...

XIX Anaïs

- Tu vois mec, y'a un truc là, en moi, au fond de la gorge. Et c'est à toi que je vais le sortir. Je t'interdis de l'écrire dans ce bouquin. Après ma mort, parce que je sais bien qu'un jour quelqu'un aura ma peau, là, tu pourras. Le plus tard possible, j'espère ! J'aimerais voir ce que ça fait d'être vieux. Comme toi, déjà, j'ai l'impression que c'est dans un siècle... Mais de mon vivant, top secret, un vrai secret. Si tu n'es pas capable de le garder, lève-toi tout de suite.

J'avais simplement hoché la tête, en signe d'acquiescement. Nadège n'était pas encore rentrée de la boulangerie. Mais il restait de la brioche de la veille.

- Jamais Nadège ne le saura. C'est bizarre la vie, je lui ai promis que je n'aurai jamais plus de secrets pour elle et je vais t'avouer ce drame de ma vie, plutôt que de le lui confier, alors qu'elle a joué un tel rôle qu'elle est presque responsable autant que moi. Anaïs portait notre enfant. Je ne voulais pas qu'elle le garde. Je lui avais promis, plus tard, qu'on en ferait un. Quand elle aurait 18 ans. Mais non, elle voulait le garder. On s'est disputé, un peu. Je l'ai frappée, presque rien, juste avec la pomme de la main, ce qui ne laisse aucune trace, presque rien. Elle m'a regardé toute bizarre mais je te jure qu'elle est restée debout, qu'elle n'a pas crié, rien. Elle m'a juste regardé comme si j'étais un monstre. J'ai cru qu'elle était en colère alors je suis parti. Je savais que ses colères s'éteignaient rapidement. Sa mère est rentrée deux heures plus tard, elle l'a trouvée, là, tombée à côté du canapé, morte.

« En quoi Nadège est responsable de ton assassinat ? » J'ai eu envie de lui hurler. Mais rien, absolument rien ne sortait, la gorge nouée. J'en étais paralysé, abasourdi, figé, désespéré. Il me regardait. « Je devrais avoir la force de me lever pour te tabasser, connard ». Mais non. J'ai compris que je ne le ferais pas, sans même penser qu'il était sûrement en mesure d'éviter le moindre des coups que j'essaierais de lui porter. Au moins cinq minutes se sont écoulées dans un silence total.

- Tu ne dis rien ?

- C'est terrible, ai-je marmonné.

- Ouais, terrible. Mais je me sens mieux d'en avoir parlé. C'est un secret mec, un secret entre vrais mecs. Tu le gardes au fond de toi tant que je suis en vie. On n'en reparle jamais. Sauf si un jour j'ai besoin d'en reparler. Après, de toute manière, ça n'aura plus d'importance.

J'ai pensé « rien ne sera pardonné mais tout sera oublié. » Avais-je lu cette phrase dans un roman de Milan Kundera ? « Maintenant qu'il s'est vidé d'un poids, il ne pense qu'à une chose : mon silence. » À cet instant, j'ai revu Amina me frappant, en janvier, un coup que j'avais réussi à parer, sa main gauche n'a qu'effleuré mon visage mais il s'en est suivi un combat sur le lit où elle voulait me frapper de la *« rendre aussi malheureuse. »* Finalement je l'ai poussée, bousculée, elle s'est cognée contre le mur et je la tenais au cou avec comme simples mots « tu arrêtes ! » Plus tard, elle m'avoua avoir eu peur que je l'étrangle. Moi, ce qu'il me restait, c'était la peur qu'elle se soit mortellement blessée quand je l'ai poussée en tentant de la maîtriser. Si je l'avais frappée, j'aurais pu la tuer comme Kader a tué Anaïs. Mais je ne l'ai jamais frappée. Même en colère, mon corps refusait toute violence. Et lui, il a cogné cette gamine qui portait leur enfant. Et il veut un enfant de Nadège ! Il me dégoûte ! Amina me dégoûte. Nous aurions pu vivre une merveilleuse fusion physique et spirituelle, elle a tout gâché en voulant faire de moi un mouton. Comme Bertrand, comme Patrick, comme Olivier. Tous des moutons qui donnent à ces femmes des enfants musulmans comme elles le souhaitent ! Mais oui ! En exigeant que les hommes se convertissent et en incitant les femmes à partir en Occident avec des blancs, une grande et discrète opération de conversions sexuelles se déroule sans que l'on s'en aperçoive...

- C'est terrible, j'ai ajouté, et je suis parti. Nadège n'était pas encore rentrée. Je n'avais pas la force de l'attendre.

Comment avais-je dévié du meurtre d'Anaïs à une conceptualisation d'un choc religieux dans notre pays ? Pour m'échapper ? Par analogie que je ne cherchais pas à préciser ?

J'ai marché très lentement en pensant à Amina, ne voyant qu'une issue, la séparation. Sinon, elle me tuera volontairement, ou moi par accident. Notre histoire a trop duré, j'en ai assez. Pouvait-il en être autrement ? Elle a cru que "comme les autres" je me "convertirais." Oh elle n'est plus hyper exigeante sur le degré de conversion, juste le faire, me mettre ainsi en dessous d'elle ! Existe-t-il un soutra sur un semblant de conversion préférable à rien, permettant de faire avancer le schmilblick ? A la prochaine génération le "semblant de conversion" sera assimilé à une vraie conversion, la descendance priée de suivre. Me ranger dans l'ordre du monde où il faut convertir méthodiquement puisque « les guerres de religions » sont bloquées par l'avancée technologique des peuples à vaincre ! Néanmoins ce ne fut pas possible. Un rappel à l'ordre venu du berceau de l'endoctrinement. Il me faudrait "simplement" signer un papier dans lequel je me déclarerais musulman ; ainsi "la famille" pourra nous marier ! Présence non indispensable ! Un papier suffit... et sûrement quelques centaines d'euros pour la fête... en notre honneur...

Si je lui en avais parlé, elle aurait éclaté de rire. M'aurait accusé d'être contaminé par les idées du Front National, depuis qu'à regarder de près la politique des Malvy-Maury-Miquel je ne peux plus voter pour cette gauche. Si je lui réponds qu'à fermer les yeux sur l'essentiel pour se prétendre humaniste, cette gauche fait le jeu de l'extrême-droite, je suis naturellement victime d'un conditionnement antimusulman... Car c'est pour notre bien qu'ils veulent nous convertir. Et ils acceptent les lois de la République... il faut être majoritaire pour imposer sa conception des choses...

« - Toutes ces vignes au bord des routes, tu ne comprends pas que ça me blesse... il faudrait tout raser...

- Raser les vignes, ce serait ta première mesure si tu entrais au gouvernement ?

- Non, il faudrait en garder un peu, pour le raisin frais.

- Donc tu trouverais normal de nous interdire le vin ?

- Pour l'instant vous nous l'imposez bien, et votre cochon ! Si nous étions majoritaires, ce serait normal que les lois soient adaptées. Tu le comprendras quand tu seras musulman. »

Parfois, après ce genre de conversation, quand elle me sentait choqué, elle ajoutait « tu vois, je peux jouer le rôle de la méchante ! »

J'ai marché très lentement, en pensant à Amina qui devait au même moment s'éclater en super prof de français. « *Je sais que tu m'aimes et tu sais que je t'aime pourtant on ne s'en sortira jamais.* » Vu de ton côté, tu as sûrement raison quand tu me sors : « *je dois souffrir parce que j'aime un non-musulman, je sais que je ne pourrai jamais te quitter, j'ai essayé en prenant cette chambre à Prayssac. Mais quelque chose en moi le refuse. Donc j'assume. Mais je ne ferai pas tout ce que tu souhaites. Ce serait facile de te rendre heureux, je sais ce qu'il te faut. Mais non, je ne me forcerai plus, soit on fera l'amour parce que j'en aurai envie, soit on ne le fera plus.* » Je sais qu'il y a en toi une sincérité mais tu n'auras jamais la force d'assumer totalement ta révolte contre l'ordre musulman. Si tu es avec moi, c'est que tu cherchais un non-musulman, comme tu l'as cherché avec ton mari, tes amants, tes amis homosexuels. Mais quand tu te présentes devant ta famille, il te semble indispensable de ne pas contrarier leur conception du monde, celle qui te rassure également quand remonte la douleur de la disparation de ton père. Je te comprends parfois, je sais que tu n'es pas l'envoyée d'un grand plan de conquête de l'Occident ! Tu es juste une femme parfois merveilleuse mais qui ne s'est jamais remise de la disparition de son père, qui a lutté contre un conditionnement, je sais que tu n'aimes pas ce mot, et pourtant je n'en ai pas d'autres, tu as étudié mais tu n'as pas trouvé le raisonnement te permettant de moins souffrir. Les religions répondent effectivement à un besoin humain de se sécuriser sur la valeur de la vie, et de la mort. J'aurais voulu t'aider...

Ça sert à quoi que tu peignes le couloir, la salle de bains, la chambre, décapes le vieux portail avant de véritablement t'intoxiquer pour qu'il resplendisse, tout en me reprochant de ne pas t'aider ? Ce n'est pas la première fois que tu me prives d'amour « *Je vis avec toi parce que je t'aime mais tant que tu ne seras pas musulman, tu ne me toucheras plus.* » Tu as déjà oublié ? Mais 48 heures plus tard tu te serrais contre moi et tout recommençait, jusqu'à la prochaine crise. À quand la prochaine crise ? Va-t-on faire l'amour ce week-end ? J'en ai marre de vivre dans ces incertitudes, cette pression.
Si je te balance "je ne t'aime pas, je ne t'ai jamais aimée", forcément tu considéreras cela comme "une méchanceté", un désir de vengeance. Avec ton sens des mots : tu m'aimes comme tu n'as jamais aimé personne et je t'aime de même. La preuve, tu me la répètes assez souvent : tu n'as jamais accepté de personne ce que tu acceptes de moi. Et je dois reconnaître n'avoir jamais accepté un dixième d'une autre de tout ce que tu m'as fait depuis 2008.
Parfois, quand même, tu lâches « tu n'aimes que mon cul, mon corps mais mes pensées, mes valeurs, tu n'en as rien à foutre, ma religion, mon fils, tu t'en fous. J'en ai marre de ressentir ton amour uniquement lorsqu'on est nus... »
Je ne t'ai jamais répondu un simple « oui. » Cette fusion de nos corps aurait pu représenter la porte d'un grand bonheur, tu as voulu en faire un objet de chantage pour me transformer en musulman au service de ton fils, parce qu'il est ton fils mais encore plus parce que tu as l'impression de revoir ton père. La comparaison des photos est effectivement troublante. Dès ce jour, j'ai essayé de sauver l'union de nos corps et notre couple n'a tenu que sur ce principe et ta propre accoutumance

physique à laquelle un sentiment de culpabilité apportait le "ciment éternel", un "amour béton." Ton père t'ayant "trahi" en Éthiopie tu veux que ton fils en paye le prix sous l'insulte "le fils de la putain" ?

J'arrivais épuisé, mentalement vidé. Amina me manquait. Nous ne dialoguions plus vraiment. Pourtant il suffisait qu'elle soit à Prayssac pour que je me mette à lui parler. Comme je lui manquais. Et je le sentais dans sa voix au téléphone. Amina me manquait. Son corps. Oui son corps. Mais surtout, et c'est ça qu'elle ne comprenait pas, ce qui aurait été possible si elle avait accepté de se consacrer à notre couple.

« Cette femme ne m'apportera jamais ce que je cherche, un amour serein, une tranquillité, l'osmose, l'harmonie. » Qui m'a prétendu que le véritable Amour c'est justement le déchirement, la confrontation et finalement l'incapacité de vivre sans l'autre ? Allons-nous continuer ainsi encore des mois, des années ? Je n'en peux plus. Tu m'as épuisé Amina, je ne suis même pas capable de rédiger le début de l'autobiographie de ce cinglé ! Je comprends que je t'épuise également. Pourtant, y'a ce mystère entre nous, ce ciment oui...

Et il a tué Anaïs. Et il finira par tuer Nadège. Un jour j'aurai la force de te demander de partir. De partir. Je sais très bien que si en septembre tu vis encore ici, on recommencera pour un an, avec ton fils, auquel on évitera nos colères, pour lequel toi également tu feras des efforts avec moi, en me donnant un peu de sexe comme tu dis maintenant...

Qu'est-ce qu'il m'a raconté Kader ? Les boulangeries sont fermées le lundi ! Elle n'est quand même partie à Cahors juste pour de la brioche ? Je ne suis même pas certain qu'elle en trouverait là-bas aujourd'hui...

Je me suis assis devant l'ordinateur et me suis réinscris sur AcommeAmour.com.
J'allais mal. J'en avais conscience. Mais je ne voyais pas d'issue. Je pouvais me répéter quinze fois « il faut qu'elle

parte », je me répondais systématiquement « j'en serai terriblement malheureux. » Attachement.

XX Mardi 13

Kader euphorique : Marcel lui a expliqué la manière de monter un mur en parpaings et de percer une fenêtre dans un mur en pierre. Dans le grand espace de 6 mètres sur 12, à l'est « *le vieux m'a dit que c'est par là et que c'est le mieux* », il va réaliser une chambre, « *quatre mètres sur quatre, seize mètres carrés, c'est bien pour une chambre, qu'il m'a dit le vieux* ».

« - En une semaine, ce sera terminé.

- Je te proposerais bien mon aide mais rien que de soulever un parpaing, ça me réveille une douleur musculaire dans le bas du ventre, du côté droit.

- C'est l'appendicite !

- Non, j'ai passé des heures d'examens. Ça s'est déclaré quand je me suis essayé aux travaux, en soulevant une plaque de fer qui finalement est retombée au même endroit... Comme quoi les travaux ça peut être très dangereux !

- Tu manquais d'entrainement et t'avais pas les capacités, c'est tout ! Moi je sais qu'il ne peut rien m'arriver, je suis un roc ! Fort comme un roc, il m'a dit le vieux, hier ! Il a raison !»

Nadège n'avait pas encore parlé, hormis son traditionnel « *salut Stéphane !* » Je ne pouvais m'empêcher de l'observer "discrètement" dès que Kader se retournait... Je n'ai jamais été très doué pour la discrétion !... Mais rien... aucun signe de "connivence".

XXI La catastrophe

J'ai naturellement accepté de l'aider à poser la fenêtre de la chambre.

« - Tu ne crois pas que ce serait mieux d'attendre monsieur Hanin ?

- T'inquiète, on va se débrouiller, j'ai juste besoin de toi pour la maintenir, c'est qu'une petite fenêtre, et Nadj vérifiera que la bulle du niveau est bien au milieu, ça voudra dire que c'est OK, que c'est "à niveau."

- Pas de problème, alors !

- Prends un Cappuccino, il me reste juste deux trois bricoles à préparer. »

Je terminais le deuxième et la quatrième tranche de brioche... « *prends, bientôt tu auras besoin d'énergie...* » Je pensais à l'échange "intéressant" avec une femme de Montauban, la veille, certes plus très jeune, 39 ans... comparée à Nadège et Amina !... Nadège, je n'espérais plus rien... elle était sûrement en ovulation samedi et sa frénésie est retombée... peut-être que le mois prochain ça lui reprendra... il ne faudra pas que je rate l'occasion... Quand il y eut un énorme boum, comme si un rocher avait dévalé la colline puis emporté une partie de la maison, c'est la pensée qui m'est venue... Kader hurlait "aaaaaaaaaaahhhhhhhhhhhhh..." Nadège se précipitait... je renversais mon Cappuccino tandis que « *putain... j'ai juste retiré une petite pierre de rien de tout* » me parvenait.

Les dégâts constatés...

- Tu n'as même pas une égratignure !

- Dès que j'ai senti que je ne pouvais plus retenir, je me suis jeté en arrière, avec double roulade comme dans les vieux films en noir et blanc.

- En tout cas, chapeau ! Car je crois qu'à ta place j'aurais fini en bouillie !

- Faut des réflexes dans la vie !

- Y'a que monsieur Hanin qui pourrait peut-être vous trouver une solution... en tout cas si vous voulez une grande fenêtre à votre chambre, c'est l'occasion !
- Je l'appelle !

Y'avait même la place pour une baie vitrée. Tout un pan de mur effondré.

Il arriva une demi-heure plus tard...
« - Oh le chantier ! Y'a pas il faut remonter ce mur avant que le reste parte... si un autre rang fout le camp, il embarque la poutre... Si j'avais dix ans de moins, je vous donnerais un coup de main... Mais là avec mon bras... Y'a que le hollandais qui pourrait vous tirer d'affaire... Mais il va vous les facturer une fortune ses cinq jours de travail... Mais je ne vois que lui pour travailler la pierre...
(Je lui en avais déjà causé...)
- C'est l'escroc dont tu m'as parlé, Stéph, celui qui vaut pas mieux que le notaire ? Avec le lac et les canards ?
(Marcel souriait.)
- Je ne sais pas si on peut l'appeler escroc, en tout il ne travaille pas beaucoup mais l'argent rentre ! Il sait en profiter quand les gens sont dans la merde pour les plumer comme on dit...
- Le fric, c'est pas un problème mais il faut que mon mur soit remonté rapidement. J'y vais ! Nadj, tu m'accompagnes ! Si c'est un mec difficile à convaincre, tu lui expliqueras, tu me retiendras.
(Je les mettais en garde :)
- C'est le mec, en France depuis au moins trente ans qui va vous la jouer "je ne parle pas très bien le français", pour vous mener en bateau, vous emmener dans son jeu, vous piquer un maximum de fric. Naturellement en liquide.
- Allez chérie, on y va... Faites comme chez vous ! Je prends ma sacoche !
(Monsieur Hanin la sait bourrée de billets ? En tout cas, il sourit... En quelle occasion a-t-il profité de la générosité de notre riche voisin ?... Puis je n'y ai plus pensé...)

- Je vais vous ramener des étais, qu'on maintienne la poutre, car si elle fout le camp, c'est pas une semaine mais deux mois qu'il va falloir.

- Je vous accompagne, monsieur Hanin.

- Oh, si vous voulez ! »

« - Jan Jongbloed en personne ! Je m'exclamais en le voyant déjà à l'œuvre...

- Eh oui, j'étais pourtant sur un chantier urgent !

- Tu agrandissais encore un peu chez toi ?

- Mais pour aider un voisin... Entre voisins...

- Kader t'a offert une photo dédicacée pour te convaincre ?

- Pourquoi, il est plus connu que toi ?

- Je crois que tu préfères la dédicace de Jean-Claude Trichet.

- Connais pas ! Tu as fumé dès le matin ?

- Jean-Claude Trichet, c'est le président de la Banque centrale européenne, celui qui dédicace les billets en euros !

- Je n'en vois pas souvent alors... Hum... Puisque tu es là... Faudra qu'on discute de ton terrain... Passe un soir...

- Tu me proposes le prix de la terre labourable et il peut être vendu uniquement à celui du terrain à bâtir.

- Tu n'as pas d'accès. Il ne sera jamais en terrain à bâtir.

- Et comme toi tu en as un, tu me l'achètes trois mille euros et tu le revends trente mille. C'est un bon plan !

- C'est juste pour entreposer du matériel. Je ne voudrais pas que quelqu'un vienne bâtir à côté de chez moi !

- Pourtant tu ne l'avais pas vendu, le tien, de terrain, y'a quelques années ? Mais tes compatriotes hollandais ont laissé passer le délai après avoir obtenu leur permis de construire, et tu l'as récupéré, non ?

- J'ai fait une mauvaise affaire. C'est le maire qui t'en a parlé ? Ou le Marcel ?

- J'ai deux petits doigts et ils ont des pouvoirs magiques.

- Tu réfléchiras. Parce que je te le dis, ton terrain passera jamais à bâtir.

- Même si quelqu'un me vole systématiquement mes prunes, quand elles ne gèlent pas, j'ai le plaisir de voir fleurir mes pruniers, c'est déjà ça comme chantait Souchon... mais je te laisse bosser car c'est Kader qui paye !

- C'est vrai qu'il y a du boulot... Si tu veux, en échange de ton terrain, je peux monter sur ton toit, sinon un de ces jours ça va t'arriver également...
- Si un jour il me tombe une météorite dessus, je te soupçonnerai donc ! »

Et je suis entré dans la "cuisine." Nous n'avons pas travaillé ce matin-là. Il nous sembla préférable que Jan ne soit pas informé de cette jeunesse française.

XXIII L'enveloppe

Nous nous étions donc vus le matin mais ce vendredi 16 mars, peu avant 13 heures, Nadège débarquait tout sourire, me tendant une lettre à son nom...

- Oui, ouvre, le facteur vient de me la donner et je me suis dépêchée de traverser la forêt !
- Pourquoi est-ce à moi de l'ouvrir ? (je reconnaissais le nom du laboratoire Olivot Mariotti d'Agen...)
- Ouvre, tu comprendras.

J'avais l'habitude de leur présentation et sûrement commençais-je à comprendre, en passant les résultats Hématologie Numération sanguine, formule leucocytaire, tournant la page pour découvrir Sérologie Vih : négative, sérologie de dépistage de la syphilis VDRL, négatif, tréponémique négative.
Elle a fait un pas et tout s'est précipité.

Après notre première union, débutée debout et terminée sur le canapé :
- J'ai lu tes romans et le chapitre sur ton angoisse à Reims, un matin enneigé de novembre, m'a marqué. J'ai retenu que tu ne voulais plus prendre le moindre risque et je ne suis pas certaine que tu aurais résisté avec mes bras totalement ouverts pour toi...

Le soir, ce fut un plaisir d'accueillir Amina au son d'un tendre "mon Amour." Je lui avais préparé un repas, ce qui n'arrivait presque plus, tellement nos relations devenaient irrespirables, même pour le peu de temps qu'elle passait sous notre toit. Oui, moi aussi, je pouvais donc mentir, ou plutôt, cacher la vérité.

Le samedi, c'est dans la gariotte que nous nous sommes retrouvés. J'évitais de penser à notre comportement. Oui, cocufier Amina me plaisait mais elle ? Certes, Kader l'avait eue grâce à un piège, et le Pablo, elle me l'avait décrit comme le digne fils du sophiste Carlo...

Comme le diplomate italien en 2010, je surfais d'une blanche à une noire... Une fois ça va mais le samedi soir déjà une énorme perturbation me tomba dessus. Je voulais « juste baiser Nadège » et c'est avec elle que je me sens bien ! Et c'est en mon officielle que j'ai l'impression de commettre un acte malsain, de trahir l'amour. Même « l'alchimie physique » semble changer de corps. Amina, ce soir-là, fut une étrangère et notre union ressembla plus aux relations sexuelles de ma jeunesse qu'à notre fusion...

XXIV Le salon du livre de Paris

Kader était parti durant la nuit pour arriver le dimanche 18 mars au Grand Palais, Porte de Versailles, où il pensait jouer la vedette sur le stand d'Amazon, la grande curiosité annoncée, la première participation du géant américain au salon du livre de Paris. 80 m^2. Il adorait rouler la nuit. Sur ce point également, tout mon contraire. Il changeait les plaques de sa voiture et fonçait à presque deux cents kilomètres heure…
Je me suis levé tôt et après une douche proposais à Amina de m'accompagner pour une longue marche. Elle refusa, fatiguée, et encore trois paquets de copies à corriger.

Ce fut une magnifique matinée d'Amour. Sûrement notre plus longue conversation de ces 19 jours. Mes pensées m'ont inquiété : j'avais l'impression d'avoir entendu tout cela tellement de fois ! Dépasser quarante ans c'est devenir sceptique aux rêves d'une jeune femme ? C'était beau, elle rêvait d'amour pur et sincère, fusionnel et "éternel" mais j'avais la désagréable sensation que la réalité se chargerait de nous interdire l'accès d'une telle utopie, et même que nous vivions là nos plus beaux moments ; je ne pouvais m'empêcher de revenir à ces jours "au chalet." ; oui, nous avons vécu de merveilleux moments, Amina et moi, et elle a tout gâché avec son exigence puis ses trahisons… ; qui furent sûrement inévitables pour elle dans son état d'esprit d'amoureuse incapable de se donner à l'amour et voulant tout détruire pour ne plus y penser ; Nadège, je ne peux pas t'avouer que je me demande comment tu vas tout gâcher… ; comme Amina l'est de sa religion, tu es prisonnière de Kader… Je la caressais, la dévorais. J'avais conscience de vivre un instant paradisiaque, de la nécessité de profiter de chaque seconde… cette conscience me dérangeait, certitude d'avoir perdu une certaine spontanéité… En même temps, je me rendais compte d'être si souvent passé à côté de la conscience du bonheur, de m'en être rendu compte trop tard. Je vivais encore plus intensément qu'avec Amina au chalet. L'expérience ! On gagne en capacité d'apprécier ce que l'on perd en spontanéité ! Je n'ai pas le droit de me plaindre, je suis heureux ! Même s'il fallut bien "rentrer."

Amina me montra son inquiétude… ostensiblement...
- J'avais peur que tu sois tombé en grimpant sur la colline. Tu as encore cherché un dolmen ?…
- Que je meure avant un contrat de mariage "au dernier vivant", je comprends que ça t'angoissait !
- Tu me crois vraiment intéressée !
- Non, sinon tu n'aurais jamais quitté un blaireau en possession d'un contrat d'expatrié à 6 000 euros par mois pour un écrivain sous le seuil de pauvreté ! Mais tu croyais en l'Amour, en ce temps-là !
- Et tu penses que je n'y crois plus ?
- Eros über alles : l'amour au-dessus de tout…
- Je vais corriger mes copies…
- Tu étais inquiète au point de ne pas pouvoir corriger des copies !
- Kagera a téléphoné… sa sœur est de plus en plus malade… mais je sais que tu t'en fous de sa famille, encore plus que de la mienne…
- Tu n'étais pas en train de me parler d'amour ?
- Si le téléphone sonne, tu veux bien décrocher, car elle doit me rappeler pour me donner des nouvelles.
- Mais bien sûr, à ton service… J'aurais peut-être dû emporter un sandwich et passer la journée en balade puisque ça va encore être un dimanche chacun de son côté.
- Ne recommence pas, j'ai du travail.
- Je sais, et ce matin tu avais Kagera au téléphone.
- Arrête d'être jaloux de mes amies, je ne les vois jamais, je suis tout le temps avec toi.
- Sauf quand tu es à Prayssac, à Addis-Abeba ou ailleurs !
- Tu ne vas pas recommencer.
- Et n'hésite pas à m'écrire une lettre d'amour, je la lirai avec attention.

Quand je repense à ce genre de dialogue, je me trouve naturellement fautif, trop provocateur. Mais il me suffit de l'englober dans tout ce que fut notre histoire pour me juger naïf (et plus si cruauté mais moins en resituant dans un contexte de compréhension de la nature humaine où Amina représentait un étrange cas d'observation dans ma quête d'un personnage féminin tiraillé entre deux cultures malheureusement inconciliables) d'avoir continué aussi longtemps en sachant que ça ne mènerait nulle part.

XXV La confiance de Kader

Kader me raconte sa déconvenue. J'ai immédiatement l'impression qu'il a passé la nuit à bassiner ainsi Nadège :
- Les cons ! Tous s'en foutaient des écrivains, ce qu'ils espéraient c'était obtenir un kindle gratuit ! Les journalistes, encore pire ! Le kindle gratuit ! Et nous, on était là comme des cons, ils nous avaient demandé de nous asseoir et que des lecteurs viendraient nous poser des questions. Il était également prévu un show avec les journalistes ! Les cons, ils s'en sont complètement foutu de moi : y'avait un mec avec nous, journaliste également, alors ses collègues venaient vers lui, il leur refilait un dossier et à chaque fois demandait l'adresse mail « je t'envoie tout ça demain, et la semaine prochaine, en exclusivité, tu auras mon prochain roman... et n'hésite pas, le jour où tu souhaites publier en numérique, tu m'envoies un message, je t'expliquerai les ficelles de ce nouveau bizness... » On aurait dit qu'il les connaissait tous. On dirait que les journaleux, y'a que les Houellebecq et Angot, ou l'autre, la belge, qui les intéressent, sinon dès qu'ils voient un cher confrère, c'est pour causer bons plans avec... Y'a que cet auteur journaliste qui m'a vraiment causé en plus... Il voulait savoir comment j'avais fait ! Il a pourtant obtenu plus de médias que moi. Et malgré ça, n'a pas réussi à me détrôner, comme il répétait tristement. J'ai bien compris qu'il essayait de trouver ma bonne combine alors je me suis amusé avec lui, et j'ai fini par lui annoncer que j'allais tout raconter, que j'écrivais mon autobiographie. Les cons, ils veulent qu'on leur mette tout dans le bec. Là, les autres écoutaient également. Je lui ai demandé s'il te connaissait. C'est dingue "Stéphane Ternoise auto-édition point com, le révolutionnaire de Montcuq !" qu'il te surnomme. Alors j'ai également questionné les autres. Tous y sont passés sur ton site, tous ont lu tes informations. J'étais épaté que tu sois connu alors que tu vends des clopinettes. T'as vraiment l'air d'être considéré comme le spécialiste de l'auto-édition. Mais tous se sont à un moment méfié de toi : ils ont eu

peur que tu fasses un tabac sur Amazon. Ils trouvent comme moi que tu ne sais pas t'y prendre ! Que tu es trop engagé !... En fait, tu as eu tort, mec, de donner des renseignements à ce genre d'auteurs. Ils ont tous pensé à profiter de toi et pas un ne t'a renvoyé l'ascenseur.

Il semblait très énervé. Mais vingt minutes plus tard, alors que nous étions sortis, que je partais, il se confia :

- C'est surprenant mec, mais j'ai confiance en toi. Je te donne le numéro de ma mère. Si un jour il m'arrive quelque chose, faut que tu lui racontes, que tu lui dises tout ce qu'elle te demandera, même des banalités. Et que tu l'écoutes, si elle a envie de te parler. J'ai vu que tu sais écouter. Moi j'ai su, je ne sais plus, depuis la mort d'Adam. Je n'écoute plus que moi. Je sais que c'est rare de rencontrer quelqu'un qui sache écouter. Tu es une forme de sage, mec. Tu sais, si j'étais resté dans le 9-3, mon espérance de vie était très limitée. J'étais le boss et en dessous, ils sont nombreux à vouloir la place. Farid, il se comporte déjà comme si je l'avais intronisé. J'ai su partir avant d'être détrôné. Mais on ne sait jamais. Quand j'y pense, à mon avenir, je sens des mauvaises ondes. Je ne sais pas d'où il va venir mais j'ai l'impression que l'orage va me tomber dessus et me broyer. Moussa... Moussa, c'était comme un frère, comme s'il était là pour remplacer le grand frère disparu, c'était un cousin. Il m'avait tenu à peu près le même langage. Et il a été abattu, quelques mois plus tard, pour une connerie, une histoire de gonzesse. Je t'avoue un truc, mec : Nadège était avec un rital : il sera mort avant la fin du mois, discrètement, ça doit passer pour un accident, pour ne pas entraîner de représailles, rallumer la guerre des clans. Cette nuit, on fait un saut là-haut, tu ne me verras pas demain matin, et on reviendra en fin de soirée. C'est hier soir, en rentrant, quand je me suis arrêté à Limoges prendre un sandwich que j'ai compris. Un flash ! Il était trop tard pour faire demi-tour. J'avais appelé Nadège pour lui dire de m'attendre, que j'arrivais. Et ce sera l'occasion pour elle de voir sa mère. Officiellement, j'y vais pour voir la mienne mais j'ai convoqué le conseil des ministres. Il faut qu'ils lui fassent la peau discrètement, sinon tu vois, je ne dormirai jamais tranquille. Je suis certain que c'est lui, là, qui me perturbe, il m'envoie des ondes négatives, les italiens sont comme ça, ils te pourrissent la vie avant de te tomber dessus... y'a pas que dans le foot qu'il faut s'en méfier...

XXVI Les trois mecs de Nadège

- Qu'est-ce que vous avez, les mecs, avec moi ! Tu as vu ce qu'il a fait, l'autre, pour m'avoir ! Et pour me récupérer, Pablo qui se croit toujours mon fiancé, semble prêt à tout.

- Et toi, dans tout cela ?

En y repensant, j'aurais pu enchaîner bien autrement, la questionner sur cet ex, sur le « *semble prêt à tout* »... Elle m'aurait alors sûrement communiqué des informations qui m'auraient ensuite permis de comprendre... et peut-être d'éviter le pire... Terrible de repenser à ces petites choses qu'on croit anodines.

- Un truc banal : j'aimerais être aimée pour moi, pour mes pensées, ma personnalité, et non pour...

- Alors, bien que je sois déjà plutôt détérioré, j'ai mes chances !

- L'essentiel est toujours invisible aux yeux ! Et Amina ?

- Elle passe ses nuits à Prayssac... Quand son fils vivait avec nous, elle n'a jamais cherché la solution d'une chambre à cinquante euros par mois dans le collège, alors qu'elle parcourait chaque jour soixante kilomètres sur des routes nettement plus étroites, dangereuses même.

- Tu crois finalement qu'elle a un amant ?

- Non, elle a suffisamment donné. C'est simplement que oui, c'est plus pratique pour elle jouer la reine du collège, d'y dormir. Et face à ce besoin de parader, la nuit dans mes bras ne fait pas le poids. Je ne suis pas vital à ses jours. Nous ne sommes plus un couple cimenté par l'Amour. Donc son passé revient entre nous... Mais toi ?

- Si tu regardes sous un certain angle, je me comporte avec Kader comme Amina s'est comportée avec toi. Même en pire puisque j'ai choisi le mec en qui il avoue une totale confiance... Pourtant, je n'ai pas l'impression d'être une putain. Kader ne m'a eue qu'en me piégeant et depuis je suis sa proie. Si je le quitte, il me tue, je suis prévenue.

- S'il nous surprend, il nous tue !

- Sûrement ! Il me tue mais toi je t'innocenterai... si j'en ai le temps. Arrêter de se voir serait sûrement plus raisonnable... je n'ai pas le droit de mettre ta vie en danger, même en m'illusionnant qu'entre toi et moi ça puisse devenir possible un jour.

- Ah ! S'il pouvait tomber amoureux d'Amina !
- Tu te sens coupable vis-à-vis d'elle ?
- J'ai eu l'impression de te tromper avec elle !
- Mon Amour !
- Je crois que du jour où j'ai su qu'elle m'avait trompé, c'était fini entre nous. Avant, je croyais que soit "ça passerait", soit ça finirait "naturellement", sans cri ni violence, en septembre 2010, quand elle clamerait de nouveau l'impossibilité pour une musulmane de vivre avec un non converti. Je ne me voyais pas continuer, alors qu'on se connaîtrait depuis deux ans, à se voir durant les vacances scolaires et quelques jours de temps en temps, qui plus est en devant parcourir 140 kilomètres ou en la récupérant à la gare de Cahors. Et après son aveu, il n'y a plus eu pour elle qu'un moyen de me montrer son amour : vivre avec moi... et je me suis laissé entraîner... Oui, la trahison tue définitivement un couple.
- Je crois que tu as raison. Mon couple avec Kader a existé contre ma volonté, je viens de détruire dans tes bras le peu de consistance qu'il avait obtenu, quand il m'a promis de se comporter en homme digne. Mais je n'ai jamais cessé de le haïr et j'ignore totalement comment réussir à m'en séparer.
- Je te comprends ! Même moi, je cherche les mots pour signifier à l'Amina « tu dois partir. » Même si je... je ne sais pas comment m'exprimer... Si je peux...
- Vas-y, je pense avoir deviné ta crainte...

Devant mon silence, elle ajoutait :

- Tu te demandes si dans d'autres circonstances je serais avec toi ? (hochement de la tête et sourire attristé) Kader répète suffisamment souvent que tu as l'âge de son père pour que je ne puisse ignorer notre différence d'âge. J'ai perdu mon père quand j'avais six ans. Donc je cherche peut-être un père dans tes bras ? Comme l'Amina dans ceux de Carlo ? Je ne sais pas. Mais y'a une chose qui va peut-être te surprendre... Quand je suis dans tes bras, je n'ai absolument pas la sensation d'une différence d'âge.

- Amina avait onze ans de moins que moi (elle souriait, je me suis rendu compte de cette utilisation du passé) oui, ce "Amina avait onze ans de moins que moi" c'est bien la réalité, elle a tellement disparu de mon futur... Je n'ai jamais ressenti la moindre différence d'âge... Elle m'avait certes précisé que dans sa culture un homme plus âgé de dix ans c'est normal car une femme vieillit plus vite... Mais je n'aurais jamais osé t'avouer que malgré ces vingt-trois ans d'écart je me sens "du même âge"... l'âge, encore une invention sociale, une manière d'enfermer dans des cases... Mais il est rare qu'une femme de ta jeunesse le comprenne !

- Malheureusement j'ai dû vieillir très vite ! La maturité des enfants abusés, comme résument les psys. Mais peut-être qu'enfin je vais en être récompensée. Je n'ai pas le droit de quitter Kader, je sais qu'il n'hésiterait pas à liquider ma mère et me butter, car c'est la facture annoncée en cas de « rupture du contrat » comme il ose prétendre mais il y a peut-être une possibilité... (elle souriait, me sentait encore plus pendu à ses lèvres...) c'est qu'il me quitte, s'il en arrive à penser qu'il perd son temps avec une conne comme moi...

- Tu arriveras à jouer les connes ?

- Il me suffit de prendre modèle sur Amina ! Je ne l'aime vraiment pas ! Tu me comprends, mon Amour ? Ce n'est même pas qu'elle passe ses nuits avec toi quand elle le veut mais c'est qu'elle t'a trahi, rendu malheureux...

- Nadège... Ah ! Si tu la trouvais, cette solution... C'est douloureux de se sentir incapable de t'aider...

Elle y croyait, j'y croyais. J'étais soudain persuadé que nous finirions par réussir...

XXVII La lecture

- Ce que je ne comprends pas mec, c'est cette manie que vous avez de répondre « j'ai envie de lire » ou pire « j'ai besoin de lire ». Qu'est-ce que ça t'apporte ?!

J'ai souri, levé les mains écartées au niveau des joues… Il a enchaîné :
- Nadj, c'est pareil, elle sourit… tu vois, je la laisse tranquille, je sais bien que les femmes, il ne faut pas trop essayer de les comprendre. Mais toi, t'es bien un mec pourtant, alors tu joues à quoi ? C'est pour te donner un genre, pour apprendre à écrire comme eux ? Nadj, je la laisse tranquille avec ça, mais j'aimerais comprendre. Tu crois qu'en fait c'est parce que je m'occupe pas assez d'elle, comme Amina ne s'occupe pas assez de toi ?
- Lire, écrire et faire l'amour. Et le corps a besoin de dormir, manger et marcher ! La vie idéale selon moi, elle se résume à ça ! Amina ne comprend pas ! Quand je suis tombé sur un passage de Bernard-Henri Lévy avec une motivation identique dans sa correspondance avec Houellebecq, je lui ai montré. Elle a considéré cette approche absurde ! Lire oui ! Mais il lui faut du mouvement, se rendre utile, voir ses "amis", s'occuper de son fils, des enfants des autres… Mais tu vois, le "lire", elle le comprend ! Quoique, plus je l'observe et plus je me rends compte qu'elle n'aime pas vraiment lire ! Elle aime se distraire en lisant, se reposer en lisant. J'ai de plus en plus l'impression qu'elle cherche dans la lecture à ne plus penser, ou à penser à autre chose. Elle me rappelle Gwenaëlle, qui m'avait expliqué sa relation de simple distraction à la lecture pourtant intensive. Elle lit pour l'histoire. Pour se divertir. Pas pour approfondir une pensée ou un style. J'ignore où se situe Nadège dans tout ça. Tu vois, le « j'aime lire » peut regrouper des approches très divergentes.
- C'est du chinois pour moi ton truc de détergente. Maintenant, l'après-midi, elle va dans la forêt, s'installe dos à un arbre et passe des heures à lire tandis que je

bétonne. Je ne lui demande pas de venir m'aider mais quand même ! Elle me jure que de s'appuyer contre un arbre et lire, c'est merveilleux, elle m'a même parlé du lien entre le papier et l'arbre... Elle pourrait pourtant télécharger sur son Kindle mais elle préfère ramener de Montaigu des tas de bouquins. Il va faire fortune, avec elle, le libraire... tu sais que c'est pas une question de fric mais dans notre chambre y'a déjà un énorme tas... J'ai dû lui promettre qu'on passerait à l'appartement qu'elle occupait avec l'autre pour ramener toute une étagère de papiers ! On procédera comme pour un cambriolage ! Quoique j'aurais préféré le croiser et le butter en légitime défense. Mais elle ne veut pas. La voiture va être remplie de bouquins ! Mais je ne pige pas ! T'as tes idées, j'ai les miennes, elle a les siennes, alors ça vous sert à quoi celles des autres ?...

Son questionnement était donc sérieux. Ce qui dénote au moins la volonté de comprendre la femme qu'il avait piégée. Qu'apporte la lecture à un être humain ? J'aurais pu développer sur la littérature mais je le savais tellement loin de tout cela que c'en était incompréhensible pour lui. Je lui ai confié :
- Je sors d'une période très douloureuse, où je ne pouvais plus lire. Je suis encore en convalescence. Je débute de nombreux livres et les arrête. Ce qui ne m'arrivait jamais avant. Durant douze mois, j'ai été incapable mais alors incapable de lire, ça m'est tombé dessus quand j'ai compris qu'en mars 2010 toutes mes nuits sans sommeil, passées à lire pour éviter ces cauchemars où je la voyais baiser, c'était simplement une fuite devant cette réalité. Oui, je ressentais ce qui se passait à 10 000 kilomètres et plutôt que de lui crier STOP je plongeais dans la lecture, je ne pouvais pas croire que c'était vrai, je pensais virer dans une jalousie maladive. J'en voulais à mon cerveau d'oser ainsi salir sainte Amina, la femme la plus pure qui soit, celle qui ne pourrait pas même accepter qu'un autre homme que moi voie ses seins. Oui, j'en étais là. Des choses ne fonctionnaient pas entre nous, cette exigence de

vouloir me transformer en musulman me gonflait mais une confiance absolue s'était incrustée en moi, alors je lisais, je lisais, je lisais et elle m'écrivait « mon amour » ce qui semblait corroborer l'idée d'un début de folie chez moi. J'ai cru devenir fou ! Alors quand j'ai découvert le contenu de ses nuits, ce fut un blocage total. Elle ne l'a jamais compris. Elle me parlait d'avenir alors qu'elle avait détruit toute possibilité de confiance, elle me parlait d'être musulman alors qu'être musulman elle m'avait montré que c'est mettre en confiance l'autre pour le traîner dans la boue dès qu'il a le dos tourné. C'est quelque chose en moi, le besoin de lire, si tu le brises, tu me brises. Ça doit être pareil chez Nadège.

(J'étais dans un grand état de confusion.)

- Ouais, je comprends, c'est comme aimer la bière ou le chocolat.

(Je n'étais même pas surpris d'une telle conclusion :)

- Finalement, c'est peut-être tout simplement ça !

- Merci, mec. Tu vois, j'ai pas tout suivi de tout ce que tu m'as raconté, mais je crois avoir compris l'essentiel, je la laisse vivre sa vie avec ses bouquins et le jour où elle n'aura plus de place pour les ranger, on fera un grand feu !

XXVIII 19 jours de bonheur presque parfait

Du vendredi 16 mars au mardi 3 avril, j'ai parfois l'impression d'avoir vécu les plus beaux jours de ma vie, ponctués d'une nuit presque idyllique.

Le 20, bien que le soir soit déjà tombé à leur retour, elle avait éprouvé le « besoin de marcher » tandis qu'il prenait une douche. Elle avait couru jusqu'ici et nous nous étions « sauvagement unis. »

Pour la première fois de ma vie, j'ai connu l'Amour en secret, l'adultère. Est-ce la raison de cette impression d'immense bonheur ? Alors que j'ai toujours cru chercher un Amour pouvant se vivre dans la durée ? Comme Amina palpitait avec Carlo ? Elle jouissait de m'écrire « mon Amour » avec en elle le sperme de son amimour ?

C'est aujourd'hui que je cherche des raisons à ce bonheur. Sur le moment, ce n'était qu'un plaisir « insouciant. » Comme Amina et son étalon italien ? Il s'agissait juste de rendre possible le rendez-vous du lendemain, malgré Kader, malgré "mon amour poubelle". Je sais bien notre propension à idéaliser les débuts...

XXIX Révélations sur Amina

Le 21, Nadège me raconta Amina et Carlo, vus de la confidente. La confidente, c'est le rôle qu'il lui imposa quand elle devint sa future belle-fille, avec l'intention, parfois avouée, de la transformer en confilove, comme Amina fut l'amimour. Comme elle aurait voulu le rester ! Naturellement, ce n'était pas cela « rester amis » au sens qu'elle souhaita m'imposer en mai 2010 mais c'était bien ce qu'elle lui notait ne pas pouvoir accepter dans sa lettre du 3 avril 2010, « une amitié et profiter des bons moments dès que l'on aurait l'occasion de se voir, car je suis si bien dans tes bras. »

Tout ce que j'ai reçu, il l'a lu. Il transmettait systématiquement à Nadège les messages qu'Amina m'envoyait, se moquant de « la dinde qui joue double jeu. »
Comme paraît-il tout diplomate digne de ce nom, il avait installé sur son ordinateur un logiciel récupérant les mots de passe et, le premier soir, après l'avoir bien consommée, il eut envie d'une douche.
- Tu peux naturellement utiliser l'ordinateur, ma princesse...
Ce qu'elle fit immédiatement. Et c'est de chez lui qu'elle me raconta sa médaille... elle avait participé à une course de femmes, naturellement au profit d'une œuvre caritative. Son fils était très fier d'elle... elle n'hésita pas à prétendre que le mail s'était bloqué la veille au soir à cause d'une coupure d'électricité. Il y eut de fréquentes coupures durant cette période ! La semaine suivante, c'est également de chez lui qu'elle répondit à l'un de mes messages où tellement perturbé par des cauchemars j'avais fini par lui demander des nouvelles de son vagin. Jamais je n'ai imaginé le pire d'une réponse en apparence intime comme on n'en écrit qu'à son amour : « *Il est irrité mais il n'a pas d'odeur.* » Oui, elle le reconnut, le bel ami l'avait bien informée d'une absence d'odeur.

Nadège avait tout lu, de leur correspondance que j'ai finalement récupérée en août 2010. Avec les confidences du grand manipulateur. Il se moquait de lui avoir, au restaurant, récité du Kundera « *Le tout, c'est d'être comme on est, de ne pas rougir de vouloir ce que l'on veut, de désirer ce que l'on désire. Plus que tout, il faut oser être soi-même. Je te le déclare Amina, depuis le début tu me plais et je te désire.* » Il lui avait juste ajouté quelques gouttes dans son Coca après l'avoir baisée une première fois, quand elle parla de moi. Mais quand elle lui avait répondu qu'elle avait été subjuguée par son intelligence et son entrain, il eut un doute : avait-elle également retenu « *la plaisanterie* » et joué le rôle d'Hélène ? Cherchait-elle à vivre comme dans les romans qu'elle avait aimés ? Interrogation proche de la mienne quand j'appris qu'en mars 2010 elle lisait "*belle du seigneur*". Elle m'a toujours répliqué que ça n'avait rien à voir, qu'elle n'avait jamais été une femme intéressée en quête d'un diplomate aisé. C'était un coup de foudre, une belle histoire même si elle m'aimait encore. Comme je devais le comprendre ! (« - Alors il fallait me quitter ! - Je ne pouvais pas, je t'aimais - Tu m'aimais, je t'aimais mais il fallait que tu me trompes ! - Je croyais que tu ne m'aimais plus ! - Je t'attendais et t'écrivais chaque jour et pourtant je ne t'aimais plus ! C'est facile de se mentir pour trahir sans état d'âme... et tu as eu tes affreuses douleurs au ventre, que tu me prétendais provenir du stress de l'approche du concours dans tes mails mais là, quand tu te tordais de douleur, tu ne pouvais plus te mentir, tu voyais une putain dans ton miroir - Arrête, c'est de l'histoire ancienne. Je regrette. Je regrette tout. Arrête de me torturer. Aie confiance en moi. »)

Même ce Carlo, officiellement sans illusion sur la nature humaine, sans état d'âme sur les moyens quand on s'est fixé un but, éprouva des difficultés à comprendre sa totale absence de scrupules et de moralité, mot pourtant continuellement dans sa bouche. Après l'avoir demandé en mariage le 3 avril dans un mail le plus long et charmant qu'une femme lui ait envoyé, lui avoir offert une merveilleuse nuit le 6, elle avait pu, sans difficulté, comme prévu, reprendre l'avion le 12 et se réengager totalement avec moi, certes après des aveux qu'il devinait édulcorés. Même si elle osa lui affirmer « *je lui ai tout avoué. Ce fut terrible. Mais l'amour a triomphé. Nous souhaitons nous engager l'un envers l'autre. Ce que tu as refusé de faire.* »

Il a compris, en lisant nos échanges, qu'elle avait réduit, le 14, leur histoire à une erreur ancienne, « *submergée une nuit mais je n'y suis pas retournée.* » Il s'est quand même posé la question de ses véritables intentions. « *J'aurais pu y croire, même moi, Carlo, à sa grande lettre d'amour avec demande mariage, tu te rends compte, moi Carlo, elle m'avait épaté ! Mais je savais bien qu'elle n'était que femme africaine intéressée, petite tricheuse, beau cul esprit malade. Finalement, tout cela conforte mes convictions qu'il ne jamais faut croire une femme. Il faut des preuves d'amour et non des mots d'amour. Parfois tu mal me considérer mais aucune femme ne m'en a donnés.* »

Nadège s'arrêta.

- Oui, j'ai compris, il était le numéro 1. J'étais le numéro 2. Et le numéro 3 la récupérera un jour. Même lorsqu'elle lui a prétendu s'être réengagée totalement dans notre couple, elle lui laissa une porte entre-ouverte. Il lui suffisait de répondre « il y a eu malentendu entre toi et moi. Carlo ne parle pas toujours bien français, c'est ce qui toi faire mal comprendre. Tu sais bien que jour ton divorce et mien prononcés nous penser au beau mariage. Malheureusement pas avant. » Je lui ai balancé un jour « tu as accepté d'être sa putain et ensuite tu aurais voulu être sa femme. Finalement il a eu raison de consommer la traînée d'aéroport. » Elle avait répondu, toute imbue d'orgueil « on voit que tu ne le connais pas. » J'ignorais alors que j'aurais pu lui répondre « mais lui t'avait bien cernée et malheureusement il a préféré te laisser m'enfoncer une aiguille dans le cœur plutôt que de la tolérer dans son pied. Il n'a même pas eu l'envie de continuer à te baratiner pour te baiser encore quelques mois avant vos divorces, il en avait eu assez, tu ne méritais pas plus... »

- Tu crois qu'elle retournera avec son ex-mari ?

- Quand elle aura épuisé toutes ses illusions d'amour, quand l'argent deviendra un problème insoluble, comme ce con croit qu'il est de son devoir de vivre avec la mère de son fils, puisque ses propres parents se sont remariés après leur divorce, elle y retournera. Naturellement, elle ne pourra pas vivre devant celles et ceux qui savent alors ils repartiront à Djibouti... Où elle lui promettra de ne jamais le tromper... et naturellement, tout recommencera, il suffira d'un vieil élégant au baratin bien rodé... J'ai l'impression de parler d'une étrangère, d'une femme connue il y a des années. Je ne croyais pas qu'elle m'était devenue à ce point étrangère.

XXX La campagne

- J'ai toujours vécu en ville. Je ne me suis jamais sentie attirée par la campagne. Avec ma mère, nous avons un peu voyagé. Je pensais que nous allions à la campagne quand nous passions quelques jours dans "un village" comme noté dans les brochures. J'étais même déjà venue dans le Lot, à Rocamadour. Mais ces bourgades tournées vers le tourisme, je comprends que ce n'est pas cela la campagne. J'ai acheté le livre que tu as publié sur notre village (- j'aurais pu te le transférer sur ton Kindle) et je me rends compte que je ne connais quasiment rien de tes cents photos ! Où sont ces ruisseaux, ces ruines, ces arbres, ces pierres, ces angles chanfreinés, ces fours à pain, ce linteau à accolade, celui en bâtière ? La gariotte je la connais ! J'aimerais qu'on puisse marcher des heures dans ces chemins... j'aimerais vivre avec toi... Rien ne me prédestinait à aimer ce genre d'endroit mais je crois qu'il y avait un tel désir de fuite en moi qu'il me fallait effectivement un lieu très différent de la ville... Quand je m'imaginais disparaître pour sortir de leurs griffes, je me projetais toujours dans de grandes villes.
- Comme André Breton, je pourrais prétendre « quand j'ai vu cet endroit, j'ai cessé de me désirer ailleurs. » Vas-tu connaître le même cheminement ?
- Mais il semble décidé à rester ici et sa seule présence brise mes rêves.

XXXI Mardi 27, le retour d'Amina

Nous étions nus quand la voiture d'Amina s'arrêta devant la chambre. Un retour non prévu !

- Pour moi, vis-à-vis d'elle, ça ne poserait pas de problème que notre histoire devienne officielle mais pour toi… donc pour nous…

- On fait comment ?

- Je crois qu'il vaut mieux qu'on s'habile en vitesse et que j'aille lui ouvrir dans la cour tandis que tu sortiras par la cave.

Et il en fut ainsi.

- Ton retour me surprend !

- J'espère qu'il te fait plaisir. Tu vois, je fais un effort, pour toi. J'aimerais que tu le comprennes.

- Qu'un couple vive ensemble, c'est un effort pour toi ; tu as sûrement des choses à préparer pour ton grand voyage. Ou tu devais rendre les copies que tu as laissées sur ton bureau ?

- Quel accueil ! Je te dérange ?

- J'essayais d'avancer dans cette pièce de théâtre de la femme qui écrit mon amour à l'homme qui l'attend en France et qui demande en mariage son amimour à Addis-Abeba.

- Ça recommence ! J'aurais mieux fait de rester à Prayssac puisque tu continues à vouloir me torturer avec le passé.

- Je te signale qu'alors que ton fils devait venir en France, tu retournes à Addis-Abeba où tu m'avais promis de ne jamais remettre les pieds. C'est toi qui me tortures avec ton théâtre des indignités.

- Arrête d'être jaloux de mon fils !

- Mais oui, en 2009 c'est également pour ton fils que tu y allât. A l'imparfait du subjonctif et au corps à corps et non au coran. C'est dans le pieu de son père que tu t'allongeât sans culotte. Et c'est avec le mec de sa future maîtresse, mademoiselle Sophie, ta copine de salle de gym, que tu as ensuite couché pour être près de ton fils !

- Je ne suis pas revenue pour me disputer.

- Mais non, tu es revenue préparer ton voyage. Alors prépare-le ! Va voir sur place ce que tu as fait de ton fils ! Va voir Sophie, va la supplier de ne plus penser à lui comme "le fils de la..."

- Les gens ne sont pas comme toi. Ils savent pardonner.

- Tu parles de toi, qui as pardonné au père de ton fils quand tu lui as donné un accès direct ? Pour te pardonner complètement dans ta tête où continuait à tourner ton incapacité de lui avouer que tu avais couché avec ce cher Philippe, et non juste flirté ! Ton fils n'y est pour rien mais si tu ne l'avais pas fait pour moi tu aurais dû le faire pour lui. Puisque pour moi il était trop tard, dès septembre tu avais tout détruit pour ne plus me donner d'amour.

- Tu te rends compte, j'ai accepté que tu fasses de moi une putain dans tes pièces de théâtre et tu oses prétendre que je ne t'ai pas montré d'amour.

- Je n'ai rien inventé. J'ai simplement ajouté dans des pièces existantes une Momina, puisque tu m'as demandé de ne pas utiliser ton prénom. Mais je n'ai rien inventé ni aggravé. Oui, j'ai été traîné dans la boue d'Addis-Abeba, oui dès que tu y es arrivée tu as cherché à détruire notre couple... mais tu as eu tellement mal au ventre que tu as compris qu'une partie de toi ne le voulait pas... ça ne t'as pas empêché d'en prendre un deuxième et de toute manière, si tu avais eu le temps de faire un test Vih, tu ne m'en aurais pas parlé le 14 avril 2010, tu aurais fait comme en décembre 2009, quand tu m'as laissé te raconter ce cauchemar, de ta danse du vagin devant des hommes, sans même pleurer dans mes bras pour t'excuser de ce que tu avais fait avec le père de ton fils, et de ce que tu avais envie de faire avec le diplomate italien qui venait de te faire oublier que tu avais dans ton ordinateur le résultat de ton test Vih.

- On l'a déjà eue cent fois, cette discussion, je suis fatiguée de tes insultes, fatiguée, je n'en peux plus, tu m'épuises. Qu'est-ce que tu attends de moi ?

- Que tu partes de cette maison puisque tu es incapable de tenir tes promesses !

- C'est ce que tu veux ?

- C'est toi qui le veux en retournant là-bas comme si ce n'était pas la terre de tes pires indignités. Tu osais m'appeler « mon amour » quand le monsieur déposait sa petite poule levée pour la nuit et qu'il appelait « princesse » par élégance.
- Je me suis excusée de ce que j'ai fait.
- Oui, je savais tout quand nous avons vécu ensemble ! Sauf que j'ai lu tes mails et que je me suis aperçu que tu avais encore menti en prétendant tout m'avouer, en jurant sur la tête de ton père et sur ton Allah que tu t'étais littéralement confessée.
- Arrête, je suis une pute, une traînée, une salope, une menteuse, une manipulatrice, c'est ça qu'il faut que je te dise, alors voilà, je te le dis, et laisse-moi tranquille, j'ai mon voyage à préparer puisque tu ne comprends pas que je suis revenu pour te faire plaisir.
- Si tu avais voulu me faire plaisir, tu aurais respecté ce que tu me susurrais tendrement sur la place en septembre 2009 « ne t'inquiète pas, tout va bien se passer, je reviens en décembre. » Oui, tu es revenue voir le cocu en décembre ! Parce que ton amant t'avait payé le billet d'avion.

Je suis parti dans mon bureau et j'ai ré-ouvert le fichier Amina-theatre-realiste.txt

Transcender les blessures

« Les mots ne servent qu'à mentir », monologue en un acte.

Les mots d'une femme perturbée ne servent qu'à mentir.

Amina, devant son ordinateur.
- C'était pourtant ma plus belle lettre d'Amour ! Et trois jours plus tard je lui ai donné du plaisir comme jamais, je l'ai caressé, enlacé, embrassé comme jamais. Les hommes sont vraiment insensibles, hypocrites, profiteurs. Il a pris son pied et il ne veut rien me donner.

Il sait que je l'aime alors il pense que je vais accepter de le partager avec Sophie. En amour, celui qui aime le plus est toujours perdant. Qu'est-ce qu'il lui trouve, à cette vieille !

Ce ne sont pas les mots qui ont un pouvoir fou, ce sont les émotions, les sentiments, les envies.
Les mots ne servent qu'à exprimer ce qui est déjà là.
Oui j'ai triché, je n'ai pas su quitter Stéphane pour me donner totalement à Carlo.
Je ne pouvais pas lui faire cela par mail : après tout ce que l'on avait vécu, je devais lui avouer les yeux dans les yeux (elle sourit) Oui, je me mens, eh alors, je suis la seule à le savoir ! Il faut toujours se donner le beau rôle ! Il faut toujours faire croire à l'homme trahi qu'on lui a tout caché pour ne pas le faire souffrir, pour l'épargner. Je t'ai trompé car Dieu l'a voulu ! D'ailleurs c'est vrai, si je l'ai trompé, c'est que Dieu l'a voulu ! Je te l'ai caché pour ne pas te faire souffrir (elle sourit). Si au moins il croyait en Dieu, ce serait simple ! J'ajouterais « on va prier pour que ça ne se reproduise jamais. » Dieu l'a voulu pour que notre amour soit encore plus fort. Et tu vois, nous l'avons surmonté...

Finalement, c'est peut-être lui, l'homme de ma vie... alors il finira par se convertir... Dieu ne pourrait pas me mettre dans les bras d'un homme qui ne croit pas en lui... C'est qu'il m'a choisie pour le convertir... Sinon ma mère va encore piquer une crise... Oui je lui raconterai que Dieu m'a choisie pour convertir un blanc, elle le comprendra et me soutiendra.

Je ne dois pas me mentir : j'ai toujours redouté qu'avec Carlo il n'y ait qu'une chance sur cent qu'il devienne comme je veux mais je devais essayer. Parfois j'avais tellement l'impression de me retrouver dans les bras de mon père ! Qui ne risque rien n'a rien, n'a que des Bertrand ou des Patrick. Donc il fallait bien que je garde Stéphane…

Voilà, je peux avouer la vérité ! Mais ça sert à quoi ? À faire encore plus mal ! Les mots ne servent qu'à mentir.

La vérité fait moins mal que le mensonge ?
Mentir ne sert pas à grand chose ? Et pourtant, je ne peux pas faire autrement. Carlo ne changera pas. Donc j'aime Stéphane. Il est plus jeune, plus faible, malléable, donc il changera ! Et surtout il m'aime. Je sais bien qu'il m'aime ! Je l'ai toujours su ! Et il sait que je l'ai toujours aimé !

Mais pourquoi Carlo ne pourrait pas rester mon ami. Je lui ai promis qu'il ne se passerait plus rien entre lui et moi. Et je tiens toujours mes promesses. (elle sourit) C'est qu'il n'a pas confiance en moi ! Bagatelle, que ça lui ferait trop mal d'imaginer que Carlo puisse me désirer, se souvenir de mes fellations en regardant ma bouche, tandis qu'on discute tranquillement au restaurant... et que je sens monter un désir... Non, je ne le désirerai plus... Promis Stéphane. Comme les hommes sont jaloux ! Pourtant, moi, s'il revoyait amicalement sa Fanny ou son Angélique, ça ne me choquerait pas. On peut être ami après avoir été amour, même amimour. C'est ce qu'il me demandait, ce que je refusais mais maintenant que je suis retourné avec Stéphane, ce serait pourtant la meilleure solution, puisque c'est la seule, qu'il ne veut pas m'épouser. D'ailleurs, s'il le voulait, c'est moi qui ne voudrais plus ! (sourire énigmatique).

Elle regarde son écran, pianote quelques secondes et sourit en lisant. Elle lit à voix haute :

« *Répondre quoi ?*

Amour, tu crois que je me fous de ta douleur, non, je ne m'en fous pas... mais comme je te le dis, pour moi le plus important reste qu'on s'Aime. Je ne peux pas revenir sur le passé et je n'ai pas envie d'y revenir. Nous en avons parlé, il me semble. Il faut continuer à en parler? Je veux bien mais j'ai l'impression que ça me fait perdre beaucoup de temps et d'énergie, que je n'ai pas besoin d'en parler parce que j'ai dépassé ça et que c'est derrière moi.

Mais pour toi c'est important d'en parler. Parler de quoi ? Tu veux des détails ? La date exacte ? Je ne sais pas, je n'ai pas noté, je n'ai pas coché sur mon agenda, ce n'est pas resté dans ma mémoire, ce n'est pas une date anniversaire que je compte fêter. »

(elle sourit...) Ah le 3 mars 2010, quel bonheur !

« Il m'a rappelé pour m'inviter à déjeuner. On a discuté longuement. C'était début mars. Puis les choses se sont enchaînées et on en est arrivé à cet acte regrettable, oui même pour moi car j'aurais préféré que nous n'en fassions rien pour préserver notre amitié. C'est ce qu'on voulait, une belle amitié. Je regrette que cela se soit produit, je le regrette pour moi et c'est pour ça que j'ai décidé que cela ne se reproduira pas.

C'est un homme merveilleux que j'aimerais avoir comme ami. Je l'apprécie beaucoup, je le respecte énormément et je ne voudrais pas perdre son amitié. Il y a des rencontres comme ça. »

(elle sourit...) Comment lui faire accepter qu'on puisse rester ami ? Il faut qu'il comprenne qu'il n'y a rien de sexuel entre nous, juste de l'estime réciproque ! Comme il sait me mettre en valeur, lui !

« Je ne voulais pas te démolir, pas sciemment. Je ne voulais pas croire que tu m'Aimais et je pensais que personne ne pouvait m'Aimer et que tous m'abandonnaient, donc je pouvais démolir mes grandes idées. Je ne voulais pas te démolir mais démolir Amina en moi.

Amour, j'aurais dû te parler surtout, te faire confiance surtout, dépasser l'apparence et croire au merveilleux de notre lien. Ça s'est très mal passé oui alors que ça aurait pu se passer tellement mieux si je nous avais fait confiance. Pardon mon Amour. »

(elle sourit...) Qu'est-ce qu'il lui faut de plus ! Je lui ai demandé pardon !

« *Enfin j'ai trouvé l'Amour, le compagnon de ma vie, mon mari, l'homme avec qui je veux finir ma vie, avec qui je me vois vieillir. Amour, savoir que je n'aurai pas ma chère liberté, que je devrais m'en rapporter à toi, que je serai en fusion avec toi, que je dois te demander ton avis... me fait sourire de bonheur. Oui de bonheur. Car oui, je veux cette fusion car elle est l'expression de l'Amour.*
Elle est l'expression de ma totale confiance.
Je sais Amour que tu m'Aimes donc je sais que tu me veux du bien, donc je sais que ce qui me tient à cœur, te tiendra à cœur et que tu seras aussi impliqué que moi pour chercher la meilleure solution avec moi.
La défense de ma liberté était l'expression de ma défiance. Je l'ai enfin compris. Je suis heureuse Amour de déposer mon cœur, ma liberté, mes fardeaux à tes pieds.
Je sais Amour que tu m'Aimes donc je te donne ma totale confiance comme tu peux m'accorder la tienne. Toi et moi, Amour, ne faisons qu'un. Bin oui, il y aura des désaccords, ça va peut-être discuter dur, batailler, mais toujours avec cette idée ancrée : nous nous Aimons donc nous trouverons la meilleure solution.
Je sais Amour que je t'Aime donc je te veux du Bien, je te veux du bonheur. Le matin, je me réveillerai en me demandant ce que je ferai aujourd'hui pour te rendre heureux, pour que tu sois bien. Je ne penserai pas à ce que tu n'as pas fait pour me prouver ton Amour mais à ce que moi, je ferai pour te prouver le mien.
Je sais que de ton côté tu feras de même donc je n'aurai à me soucier que de Toi puisque tu te soucieras de moi.
Amour, ma vie est la tienne. Ta vie est la mienne. »

(elle sourit...) Quel homme pourrait résister à un tel Amour ! Comme je sais Aimer, moi !

XXXII Mercredi 28

Envie de rapidement raconter à Nadège. Dès mon arrivée, j'essayais de lui faire comprendre l'essentiel :
- Vous ne devinerez jamais ?
- Tu as vendu un livre ?
- Si j'écris une pièce de théâtre sur toi, je te promets de la replacer celle-là ! Hier après-midi, Amina est revenue ! Officiellement pour me faire plaisir. Mais il a suffi de trois minutes pour retomber dans les disputes ! Et ce matin, elle est repartie sans que l'on se soit reparlé.
- Tu ne sais pas t'y prendre avec les femmes ! Tu aurais dû la baiser à peine arrivée, et tu aurais vu, vous auriez pris votre pied !

Aucune note. Je me sentais terriblement irritable. Et il ne se décidait pas à partir bétonner. Il me fallut rentrer sans une minute d'intimité…

Comme souvent, dans la forêt, m'est passée une idée sur le moment considérée fabuleuse : on ne peut pas balancer la vérité en face à ce monde. Le système est trop bien huilé pour permettre à un révolutionnaire pacifique de mon genre de pouvoir exposer ses analyses au plus grand nombre. J'ai fait l'erreur d'avancer non masqué ! Seul un pseudo peut me permettre d'exister dans la littérature. Confucius remarquait déjà *« Si l'honnêteté règne dans le pays, un homme peut être audacieux dans ses actes et dans ses paroles mais si l'honnêteté n'existe plus, on sera audacieux dans les actes mais prudent dans les paroles »* La publication de livres, de chroniques doit être assimilée à la parole de son époque. De mon cher Sénèque tellement négligé durant ces deux dernières années, je me souvenais de propos concordants et dans sa quatorzième lettre à Lucilius j'ai depuis relu *« le sage ne provoquera jamais la colère des puissants. Il rusera avec elle, comme le marin avec l'ouragan. »* Je dois prendre un nouveau pseudo !

XXXIII Jeudi 29

J'attends Nadège dans un profond blues. Très mal dormi : deux femmes et pas une pour la nuit ! Où vais-je avec elles ? Ce n'est pas en s'engageant dans deux impasses qu'on trouve une issue ! Le "travail" avec Kader fut monotone, triste, encore plus fastidieux que la veille ! Certes, quelques notes... il faut bien... J'attends son arrivée avec impatience, pas seulement celle de l'Amour : qu'elle évacue d'un sourire, d'un geste, toutes mes sombres pensées. Mais je redoute qu'aujourd'hui soit différent des autres jours.

Nadège n'est qu'une face d'un grand dé sur lequel figure également Amina ? Ce grand dé avec lequel je lutte sans espoir de les y arracher ?
Si je devais en sauver une ?
Malgré l'attirance physique évidente, vive, viscérale, des êtres peuvent s'être mis en situation de ne pas pouvoir vivre avec leur Amour. Trop emprisonnées, ligotées, Nadège et Amina, pour vivre réellement l'Amour...

Amina ne sortira jamais de son conditionnement musulman. Nadège ne sortira jamais des griffes de ses bourreaux. Certes Nadège lutte, en état de révolte, refuse viscéralement ce qui lui arrive alors qu'Amina s'est identifiée avec sa religion, essaye simplement de "transiger" avec ses "règles", vivre avec moi malgré tout...

J'ai dès l'enfance rejeté ma propre prison, celle du fils d'un jeune français envoyé ès soldat du rétablissement de l'ordre en Algérie et revenu traumatisé, rejouant sa guerre dans sa cellule familiale en nous maintenant dans l'insécurité de ses mois à traverser les maquis. Dès cette enfance, dès ma compréhension des mécanismes d'oppression, j'ai bataillé contre cet asservissement puis à la mort du bourreau décidé de vivre loin de "ces malades", cherchant "la liberté" puis finalement la tranquillité. La tranquillité comme la préconisait déjà Confucius. Une forme de stoïcisme selon Sénèque ou Epictète. J'ai souhaité cette tranquillité également pour être disponible à la vie, à l'Amour.

Et elles ont grandi derrière des barreaux, trop jeunes pour posséder la force de les briser. Et après il était trop tard ? On a voulu leur faire aimer leur prison. C'est merveilleux d'être musulmane, tu as la chance de m'avoir rencontré, princesse...

Nadège explore toutes les issues imaginables tandis qu'Amina, dès qu'elle sort la tête de l'eau, dès que nous vivons quelques jours sans tension, il suffit d'un mail, un appel téléphonique ou une simple pensée pour qu'elle rebascule, en prétendant se sentir déphasée avec sa religion, ses principes, ses valeurs... tout ce qu'elle ne peut pourtant pas vivre, qu'elle a fui...

Malgré cela, je n'ai jamais pu, et ne pourrai donc jamais, lui demander de choisir entre eux et moi. Seule une révolte profonde, une rupture totale d'avec sa famille pourrait la libérer, lui permettre de vivre l'Amour comme elle le souhaite souvent, avec sa majuscule. Mais en même temps, sa mère, ses frères, ses sœurs et les autres, je ne peux pas exiger qu'elle choisisse entre eux et moi. Une impasse. J'ai souhaité la mort de mon père, le bourreau, certes également la victime de son passé mais incapable de s'en libérer. Je n'ai jamais souhaité la mort de sa mère, de ses frères et sœurs, pas même de sa Kagera !

Amina et Nadège parlent d'Amour, ont besoin d'Amour. Je suis leur illusion d'Amour. En partant vivre loin du bruit et des futilités, me suis-je rendu invisible aux femmes épargnées par la vie, me suis-je placé en situation de rencontrer uniquement des femmes en lutte pour l'Amour ? Ou est-ce plus profond ? Un signe imperceptible nous permet de nous reconnaître ? Nous cherchons l'Amour car nous savons que c'est la seule manière de sauver la vie ? Alors que "les autres" entrent dans un couple par attirance physique et y vieillissent, certes souvent s'y déchirent car vivre à deux semble toujours dégénérer en reproches et rancœurs...

Pour elles l'Amour représente la bouée de sauvetage, elles s'y agrippent sans jamais parvenir à y monter. Je suis une bouée de sauvetage... Nadège arrive. Trois heures merveilleuses.

Est-ce la subconsciente certitude de vivre des heures grappillées contre l'impossible qui nous place dans une telle disponibilité au Bonheur ? Comme avec Amina durant les premières semaines. Croire que c'est possible... Nous faisons abstraction de la réalité qui nous rejoindra forcément, inévitablement... Mais peut-être avons-nous besoin de parfois vivre ainsi ?...

XXXIV Le problème de Nadège, selon Kader

À mon arrivée, Nadège n'était pas encore rentrée de la boulangerie. Immédiatement Kader se lança :

- Tu pourrais m'envier mec, je sais. Je balance une merde et c'est un best-seller alors que tes livres personne ne les achète. J'ai une femme superbe avec qui je m'entends super bien, un amour béton, alors que tu te demandes pourquoi tu es encore avec ton Amina… pourtant… tu as sûrement la solution à notre gros problème. Y'a qu'un truc qui fonctionne entre toi et Amina, le sexe, alors qu'en plus Amina n'est pas vraiment normale de ce côté-là, et c'est ce qui ne marche pas avec Nadège. [je ne voyais pas où il pouvait arriver...] T'as découvert comment fusionner, comme tu dis, avec elle, alors qu'elle est excitée, comme tu dis… (- excisée – c'est ce que j'ai dit) et moi, avec Nadège, elle fait tout ce que je veux mais je ne m'en sors pas. Je prends mon pied mais pas elle, alors à force ça me bloque. Une vraie planche ! Que je la prenne par devant ou par derrière, c'est la même chose pour elle. Elle m'a raconté qu'elle avait été violée à 10 ans et que c'est une réaction normale des filles qui ont subi ça. Elle le croit ! J'ai eu beau lui apprendre que toutes les filles sont violées entre 8 et 12 ans, non seulement elle ne me croit pas mais elle m'a fait la gueule quand je lui ai raconté qu'Anaïs était une vraie bombe sexuelle après. Un viol, c'est pas pire que d'être charcutée, c'est quoi le truc pour qu'elle soit vraiment dans le jeu ? Comment tu as fait ?
- J'ai connu une femme également violée enfant, Mayline, et elle m'avait prévenu, c'était une planche. Si tu cherches une bombe sexuelle, tu n'as qu'une solution…
- Je me doutais bien que tu avais la réponse !
- C'est de trouver une autre femme ! Si tu veux, y a Amina qui va bientôt être disponible !
- Attends, je trouve une femme quand je veux, où je veux, c'est pas le problème. Mais Nadège, jamais ! C'est le top et y'a pas mieux !

- Donc, il faut que tu acceptes la situation. On croit que la vie est simple mais quand on gratte un peu, quand on souhaite atteindre le bien-être, on découvre le noyau noir... Nous avons tous nos blessures... Tu en as sûrement.
- Moi ? Aucune ! Je suis le mec le plus équilibré de la terre.

Je n'ai pas jugé nécessaire de lui expliquer la manière dont il projetait sur moi l'image du père absent et sur Marcel celle du grand-père. Peut-on occulter ses blessures profondes comme Amina le prétendait dans un de ses mails de mai, un texte qui me repassait partiellement en tête, son optimisme à toute épreuve...

Kader continuait :
- Tu comprends, j'ai besoin qu'une femme bouge, remue, que ce soit un combat, qu'elle ait des orgasmes. Mais rien. Absolument rien.
- Tu sais Kader, Amina a voulu me transformer en musulman, elle a échoué. J'ai voulu changer Amina, j'ai échoué. Si tu souhaites faire de Nadège une bombe sexuelle, tu échoueras !
- Rien ne me résiste ! Quand je veux quelque chose, je le prends ! Tu as bien vu, je voulais Nadège, je l'ai eue.
- L'amour c'est accepter l'autre comme il est. Ce n'est pas prendre mais accueillir avec joie ce que l'on te donne. Quand je te concède avoir voulu changer Amina, c'était simplement essayer de modérer sa volonté de me transformer ! J'ai accepté qu'elle soit musulmane, excisée, dépensière quand c'était avec son argent mais je lui ai demandé de m'accepter comme je suis, athée, intellectuel précaire, surtout précaire, pauvre même, plutôt stoïcien même si je n'ai pas lu une ligne de Sénèque depuis notre cohabitation sous un même toit.
- Mais tu sais comment mettre dans le mouvement une femme qui a des problèmes sexuels ! C'est sur ça que je te demande de m'aider ! Tu te rends compte, quand je suis en elle, c'est comme si elle dormait. J'ai presque

l'impression de baiser une morte. Pour elle ce serait quand même mieux aussi !

- De la même manière, Amina prétend que c'est pour moi qu'elle veut me convertir, que ce serait mieux pour moi...

- Mais ça n'a rien à voir !

- Tu peux essayer de croire que c'est possible. Mais j'ai l'impression que tu t'es engagée avec une femme uniquement parce que tu la désirais mais qu'elle ne correspond pas à ce que tu cherchais. Un peu comme moi ! Finalement, on a des points communs ! Toi comme moi on aurait dû les baiser quelques semaines et savoir partir...

- Y'a pas mieux que Nadège ! Tous les potes en étaient dingues !

Elle est arrivée. J'ai pensé "la femme que je connais, personne ne l'a connue avant." J'ai eu envie de lui en parler. J'ai immédiatement réfléchi à la manière d'aborder le sujet, ne voulant surtout pas prendre le risque d'une maladresse qui la bloquerait également avec moi...

Rentré, je recherchais ce « mail de mai 2010. »

C'était le 20, à 11 heures 23

Amour,

Je suis une incorrigible optimiste, je souris déjà, le cœur est moins gros, les pensées plus sereines. Ma capacité à sourire et ma carapace me sont d'un grand secours, Amour.

Ça me permet d'aller de l'avant. Ma devise : ne pas noircir mon cœur. Mon cœur doit rester sain et propre. Je ne veux pas de haine, de mauvaises pensées, envers qui que ce soit, quoi que ce soit. Je veux rester naïve toute ma vie, garder mon cœur d'enfant.

Ne t'attaque pas à ça, Amour. C'est l'enseignement de mon père : aucun être n'est mauvais. Oui personne n'est mauvais. Simplement, on juge par rapport à nous, à nos visions et si ça ne colle pas, on dit que l'autre est mauvais.

Je t'Aime Amour, du plus profond de mon cœur. Pour moi, c'est l'essentiel, Amour. Je suis heureuse de notre Amour. C'est tout ce qui compte. Je ne peux, je ne veux détester personne, Amour. Je ne l'ai jamais fait. Je ne vais pas commencer maintenant. Je tiens à l'intégrité de mon cœur. Je ne veux pas de haine dans ma vie, Amour.

Ce que je veux Amour, c'est une vie pleine d'amour, c'est une vie naïve, simple, remplie par des êtres que j'aime et qui m'aiment. J'ai envie de consoler des inconnus qui me semblent malheureux, Amour. J'ai envie de distribuer le sourire, la joie, le bonheur. Tout est prétexte à rendre la vie belle.

Elle est belle la vie, chaque seconde est précieuse. Pas la peine de la gaspiller en douleurs ou regrets. On est blessé par la vie mais on est encore victorieux sur elle car on vit. Eh oui, on vit. Le seul malheur est la mort, Amour. Tant qu'il y a la vie, y a l'espoir, y a le bonheur.
Je veux être un roc du bonheur, Amour. Icare s'est brulé les ailes en voulant atteindre le Soleil. Le bonheur me brulera peut-être les ailes mais je ne renoncerai pas, même avec l'annonce du vih.
Je "crains" seulement Dieu... et la mort. Pas pour moi, pour ceux que j'aime.

Pour le vih, ma plus grande crainte n'est pas que je l'ai mais que tu l'aies, toi. Si toi tu l'as pas, même si je l'ai (la pensée m'en est venue hier), je serai heureuse.
Je ne dis pas que ce serait pas un malheur mais quoi Amour, pour l'instant je l'ai pas, je vais pas me rendre malade à l'avance ? À quoi ça sert ? Même si je l'ai, à quoi ça servirait que je haïsse celui qui me l'aura transmis ? À quoi ça sert la haine ? À quoi servent les regrets ? À quoi sert la culpabilité ? À quoi sert la douleur ?
Je ne dis pas que la douleur n'est pas là mais à quoi sert-il de la laisser bouffer le bonheur ?
Mes douleurs sont multiples, si j'y réfléchis, je n'y survivrai pas. Je préfère vivre le bonheur. Réfléchir à ce

que je peux faire à l'avenir pour que tout se passe mieux. J'y réussirai pas ou à moitié ou au quart mais d'autres rêves prendront le relais... jusqu'à la mort.

Ma petite sœur ainsi que ma cousine viennent aujourd'hui. Je suis contente.

Je t'Aime.

Ton Amour.

Je me surprenais à simplement penser « à force de te masquer la laideur des autres, tu as engrangé des tonnes d'horreurs dans ton cœur, pauvre Amina ; ce n'est pas en se cachant la réalité qu'on peut avancer dans la direction de l'harmonie... » Une phrase s'est mise à tourner dans ma tête « *Elle est belle la vie, chaque seconde est précieuse.* » Où l'ai-je déjà lue ? Certes dans ce mail... mais non, ailleurs... Carlo ! Je me connectais immédiatement à l'adresse d'Amina sous yahoo, celle qu'elle avait fermée d'un geste théâtral fin juin 2010, pour bien me montrer que sa vie changeait totalement... Celle que j'avais réussi à récupérer en août, quand elle m'avait donné les réponses à ses questions secrètes qui permettaient de la réactiver... Elle avait effectivement tout détruit de ses échanges avec ce Carlo... Mais il demeurait dans la liste des contacts... je lui avais alors écrit :

Sujet : Amina

carlo,
peux-tu me renvoyer les mails que je t'ai écrits depuis notre belle rencontre de décembre ?
Amina

Il s'était rapidement exécuté, j'avais ainsi découvert la grande lettre d'Amour d'Amina de 848 mots...

« ...et voici, Carlo le fait.

Elle est belle la vie, chaque seconde est précieuse !

Elle est belle la vie parce que elle est pleine de surprises !!! »

Oui, elle est triste la vie, parce que cette putain m'écrivait son Amour avec les mots de son amant. Mais cette découverte n'avait plus d'importance. Dérisoire. Simplement dérisoire. Risible. Elle pouvait masquer ses monstruosités, les recouvrir de pelletés d'insouciances, essayer de croire en son âme d'enfant, celle de la petite fille qui déifiait son père au point de ne pas pouvoir l'imaginer mortel. Elle dénichera toujours des "amis" pour croire en son baratin. Je l'ai crue. Que cherche-t-elle ? Tout simplement à apaiser cette douleur de la disparition du père, encore vingt ans plus tard. Même si le suicide du mien fut un soulagement, l'immense espoir d'enfin vivre ma vie, je peux la comprendre. Elle sait pourtant que ça l'empêche de vraiment vivre. Mais son orgueil la retiendra toujours de pousser la porte d'un psychiatre. Nous en avons parlé. Elle observa même que j'étais le premier à comprendre qu'elle portait encore cette douleur. Elle m'a juré d'être guérie, que mon amour l'avait guérie... mais ce n'était qu'une illusion. J'ai consacré des années pour en sortir, des blessures de l'enfance, elle a repoussé repoussé repoussé la confrontation, sûrement avec parfois l'espoir que le temps arrangerait tout, parfois le fatalisme qu'elle porterait jusqu'au dernier jour cette douleur. Et que finalement, c'était bien ainsi ! Mais nous avons dérivé trop loin dans les relations conflictuelles pour que notre couple puisse devenir ce que nous avions rêvé qu'il soit...

XXXV L'identité

Combien de visages a-t-elle ? Je crois déjà connaître la vraie Nadège parce qu'elle se donne à moi comme je l'ai toujours connue, resplendissante. Mais est-elle réellement ainsi ? N'a-t-elle que deux identités ? Celle qu'elle pouvait présenter sur son lieu de travail et celle que je lui connais ?
Kader en connaît une troisième.

C'est début 2011, oui, pas avant, quand elle a "enfin" obtenu un poste de vacataire, que je me suis aperçu qu'Amina ne m'avait jusqu'alors montré que son visage d'extérieur. De la même manière, elle m'avait confié que Kagera et Karina la considéraient comme la femme la plus zen qui soit, ignoraient tout de ses angoisses, ses inquiétudes...
Comme la Chantal de l'*Identité*, cette femme gère deux visages. Mais contrairement au personnage de Kundera, contrairement à la majorité des gens, à l'extérieur elle exhibe une face joyeuse, enjouée, compassionnelle si l'occasion se présente ; elle s'étonne ainsi de ressentir de l'animosité chez certains collègues. « *Je ne comprends pas pourquoi ils ne m'aiment pas. Je suis pourtant toujours très disponible, aimable, gentille, souriante. Si, ils sont racistes.* » Elle ne peut concevoir que son entrain puisse apparaître exagéré, faux, déplacé et manipulateur.
Je sais maintenant que ce visage est faux. Alors que je l'avais connu depuis notre rencontre. Seule la colère lui avait parfois donné un autre visage, un troisième visage. Car celui que je croyais réel n'était qu'un simulacre social et j'avais été englobé dans ce simulacre. Son vrai visage est triste.
« - Comment veux-tu que je sois heureuse ? Je dois partager mon fils avec son père, je dois travailler, me lever tôt, partir dans le froid. Je dois vivre dans un pays de merde où il fait froid les trois quarts de l'année. Je dois supporter une cantine où l'on sert du cochon, où des collègues amènent du vin et de la bière sur notre table...

- Ils te préparent un repas de remplacement, tu ne peux pas te plaindre de la cantine. Et aucun de tes collègues ne t'oblige à boire un verre d'alcool.

- Mais il y a l'odeur. Et ce n'est qu'un détail ! S'il n'y avait que cela, je ne me plaindrais pas ! Je vis loin de ma mère, je ne vois pas grandir les enfants de mes frères et sœurs...

- Mais tu as enfin l'amour que tu cherchais.

- Si tu m'aimais vraiment tu serais musulman et on partirait vivre à Djibouti.

- Tu étais française en France quand je t'ai connue...

- Mais il n'était pas prévu que j'y reste. Tu sais très bien que j'y suis venue uniquement pour me séparer de Bertrand, pour y passer le concours. Tu sais très bien que mon but était d'obtenir un poste à Djibouti le plus rapidement possible. C'est pour toi que je reste en France. J'ai modifié mes plans pour toi.

- En fait, tu n'aimes pas la France. Tu as essayé de profiter de ses largesses, d'obtenir un diplôme français parce qu'il se monnaye à prix d'or au lycée français de Djibouti où notre éducation nationale se croit obligée d'entretenir une équipe d'expatriés pour les enfants de ses militaires. Tu as triché avec le système. Tu t'es faite française pour être considérée expatriée dans ton propre pays !

- J'aime la France. Je suis contente d'être française, d'avoir un passeport français. Mais ce n'est pas un pays où l'on peut vivre. J'ai toujours prévu d'y passer juillet et août, quand à Djibouti il fait vraiment trop chaud. Tu sais bien que c'est pour ça qu'avec Bertrand on a fait construire ce chalet. Mais tu ne comprends pas que je me sacrifie pour toi. Et je suis fatiguée, épuisée. Et tu ne veux rien me donner en contrepartie. Les gens de ce pays sont fous, ils ne font que courir. Il faut toujours courir dans ce pays !

- Surtout quand on veut permettre aux gens de Djibouti de n'avoir qu'à se rendre une fois par mois à la banque pour récupérer l'argent et vivre tranquille.

- Si tu veux ! Ma mère nous a élevés. Elle a fait sa part de travail. Elle a bien mérité le peu que je lui envoie.

- Si elle ne nourrissait pas vingt personnes avec cet argent, tu lui enverrais cinq cents euros par an plutôt que par mois et elle vivrait décemment avec ce complément à sa "modeste retraite de veuve".
- Tu ne comprendras jamais rien à mon pays ! »

Que puis-je faire pour elle, je m'étais alors une énième fois demandé. Rien ! Car rien ne peut lutter contre sa réelle tristesse, la nostalgie de "son" pays et la douleur toujours vivace de la mort de son père. Derrière son enthousiasme, c'est un gouffre sombre et hanté. Je ne peux que la distraire et je n'ai pas envie de consacrer des années à remplir un tonneau percé. Elle a besoin de jubiler, comme Carlo lui en donna l'occasion, pour s'oublier. Mais cette femme ne veut pas guérir ! Elle se complaît dans son petit malheur. Donc forcément Dieu existe pour la récompenser ! J'ai cru que l'amour la sauverait mais ce n'était qu'une autre distraction, qui ne pouvait pas durer.

XXXVI Marcel

Marcel lui raconta « le pays », comme il me l'avait narré à mon arrivée, et passait ainsi également chaque jour. D'abord il l'aida à démarrer la bétonnière...

- Marcel, je l'adore. J'aurais aimé avoir un grand-père comme lui ! Alors, si je peux lui offrir quelques bons souvenirs mieux qu'à la télé, qu'il fixe les seins et l'entrejambe de Nadège ne me dérange absolument pas. Mais je l'ai prévenu « tu peux regarder tant que tu veux mais interdit de toucher, sinon je t'éclate la cervelle. » Il est adorable le vieux. Il m'a répondu en souriant « Regarder, pas toucher ! À mon âge, ça me va ! » Et on s'est topé dans la main, comme deux vieux potes.
- Tu ne le tutoies quand même pas ?
- Tu me vois dire « vous ? » Y'a qu'aux flics qu'on dit « vous. » Un jour, je lui ferai un super cadeau au vieux...

Le 29 mars, dès son arrivée, retenant difficilement ses larmes, Nadège me confia :
- J'étais tranquillement installée dans la chaise longue, à lire, il est apparu avec le vieux, je leur ai naturellement souri mais je n'ai pas eu le temps de saluer Marcel, il s'est baissé vers moi, je croyais qu'il allait me confier un mot à l'oreille mais il m'a posé une main de chaque côté des anches et je ne sais pas comment il a fait, il m'a retournée comme une crêpe, m'a posée à genoux, remonté la mini jupe et il s'est mis à me caresser, sans la moindre tendresse, et il m'a appuyé sur le dos, j'ai bien compris qu'il s'agissait de tout montrer au vieux... D'une voix suppliante je marmonnais « arrête. » Il a retiré ses mains. Je croyais que c'était fini. Il m'en a posé une sur la bouche, à m'en briser la mâchoire et à peine m'avait-il lâché qu'aussitôt il s'emparait de mes fesses. Je n'ai pas compris immédiatement ses intentions. Il les écartait. Il m'a sodomisée. J'ai cru qu'il allait m'obliger à entreprendre une fellation au vieux, je ne le voyais pas mais l'imaginais nous observer avec un mélange de dégoût et d'excitation. Kader lui a joyeusement crié « tu

vois, regarder mais pas toucher » et Marcel a répondu « je vous laisse. » Tellement j'avais peur, je pleurais sans bouger ni parler et il s'est tranquillement vidé, sans la moindre attention à ma douleur. Il a osé résumer d'un simple « c'est bien de donner du plaisir à un vieux, tu peux lui montrer tout ce qu'il a envie de voir mais il sait qu'il ne doit pas toucher. » Alors, tout ce que j'avais gardé en moi depuis des semaines a explosé « tu ne vois même pas que tu l'as insulté en m'insultant devant lui, tu ne comprends pas qu'il ne reviendra plus, tu ne comprends donc personne, tu ne penses qu'à utiliser les gens... » J'ai crié pendant au moins cinq minutes et lui, pas un mot, il me fixait en souriant... il me fait peur... il m'a froidement répondu « si tu n'étais pas ma femme, là, je te balance une claque que tu ne t'en relèverais pas. C'est la dernière fois que tu me parles comme ça. S'il y a une prochaine fois, tu n'auras pas le temps de dépasser deux phrases. »

Nous avons essayé d'envisager toutes les réactions possibles. Si elle ne rentrait pas, il la chercherait, passerait forcément ici. Je pouvais certes la cacher dans la chambre d'amis mais il était capable de débouler en fureur « je suis certain qu'elle est là ! » Dans le grenier ? Non, elle ne voulait pas ici. Elle ne voulait pas prendre le risque qu'il puisse l'y découvrir. Et si les gendarmes enquêtaient, il me serait difficile de nier. Dans les bois, la grotte ? Une grotte presque inaccessible, qui nécessite de se glisser dans un boyau où je passe tout juste sur une vingtaine de mètres. Elle pourrait y vivre. Je lui apporterais de la nourriture. Mais combien de temps cette fuite tiendrait ? Et elle avait peur pour sa mère. J'étais persuadé qu'après une telle scène il comprendrait qu'elle avait "fugué" et signalerait sa disparition sans s'en prendre à sa mère. « non, ça ne marchera pas... tu ne le connais pas ! tu ne sais pas comment ce genre de personne peut réagir dans cette situation. Je t'avoue que moi non plus... mais je vais trouver une solution... maintenant c'est la guerre... je t'aime Stéphane... je ne laisserai personne se mettre entre notre amour... on va y arriver... » Et nous l'avons fait, l'Amour. Puis elle est repartie...

Le lendemain, Marcel, l'air chagriné m'a simplement marmonné « c'est un malade, ce parisien.» Naturellement, il ne pouvait imaginer que je savais... J'ai abondé dans son sens « il m'a embauché pour écrire le roman de sa vie mais je vous avoue qu'il ne me plaît pas vraiment ; je suis bien payé, c'est l'unique avantage et j'essaye de terminer le plus rapidement possible pour ne plus devoir le rencontrer chaque jour... »

XXXVII 30 mars

Immédiatement, je lui ai demandé :
- Il s'est encore passé quelque chose de terrible ?
Elle s'est serrée encore plus fort contre moi...
- Stéphane, je ne m'en sortirai jamais... oui je crois qu'il faut préparer cette grotte... tu veux bien y porter des couvertures et des boîtes de conserves...
- J'irai faire des courses, dès ton départ...
- Je ne suis pas difficile... juste pour tenir... et demain... je sais bien qu'elle sera là, qu'on ne pourra se voir qu'à la gariotte... tu me la montreras, d'accord ?
- D'accord mon amour... on va s'en sortir.
- Mais il faudra que l'on reste au moins une semaine sans se voir. Je suis certaine qu'il va te surveiller... qu'il va faire descendre ses potes... Tu veux bien me préparer de quoi tenir une bonne quinzaine ?...

XXXVIII Kader disparu

Mardi 3 avril, 18 heures, au téléphone. Soit environ une heure après une ultime tendresse « donne... je veux te garder dans ma bouche durant tout le trajet... je ne suis pas certaine que l'on se verra demain... je pense fuir dans la grotte cette nuit... »

- Kader a disparu !
- C'est fantastique !
- Pas forcément ! Je ne sais pas ce qui se passe. La voiture est là. La bétonnière tournait encore, je l'ai débranchée. Et je l'appelle depuis une heure.
- Tu crois qu'il cuve ses bières dans un coin ?
- Il n'a même pas fini son pack !
- 24 ?
- 6.

La voix de Nadège marquait une inquiétude que je ne lui connaissais pas.
- Tu crois que le mieux serait que je passe ?
- Je n'osais pas te le demander. Stéphane, j'ai peur.
- J'arrive.

- Déjà !
Elle pensait peut-être que j'allais venir à pied alors que la nuit tombait !
- Alors ?
- Toujours rien !
J'ai avancé d'un pas, elle s'est naturellement légèrement reculée, j'ai refermé la porte, tourné la clef. Et je me suis serré contre elle. Elle a souri. Elle ne semblait pas vraiment inquiète, plutôt apeurée. C'est maintenant que j'opère cette distinction, c'est toujours plus facile, quand on sait...
- Oh !
J'avais soulevé sa jambe gauche, l'écartant ainsi légèrement... et pénétrée. L'avantage d'un simple survêtement !
- Oh ! Tu m'as prise par surprise ! Je ne t'ai pas vu venir.

Elle ne semblait vraiment pas inquiète : son vagin me prenait comme il en avait désormais l'habitude.

- Et s'il revient ?
- Il me réveillera endormi dans le canapé ! Tu ne crois pas que c'est une opportunité inespérée ?
- C'est compliqué... (et elle me susurra) cet amour, cet amour que je ressens pour toi est le plus fort, le plus beau, le plus tendre... je donnerais tout pour vivre avec toi... j'aurais dû partir, m'enfuir, faire croire en un suicide... comme c'est compliqué...
- Oui, c'est compliqué... (et je lui susurrais) je t'aime Nadège...

Nous n'avons pas dormi de la nuit. Ça ne m'est jamais arrivé avec Amina. Peut-être a-t-elle connu ça, avec son Carlo, même si elle a prétendu le contraire. L'adultère est un stimulant ? Plusieurs fois Nadège s'est levée, elle me croyait assoupi mais je lui susurrais « *tu as entendu un bruit ?* » Elle revenait se serrer contre moi « *j'ai cru... mais non...* » Quand le jour s'est levé... sur une étrange idée, chantait Jean-Louis Aubert au temps de *Téléphone*, si mes souvenirs sont exacts... Une étrange idée... enfin logique... "*ce serait plus facile si on ne le revoyait jamais.*" Mais il a bien fallu le chercher. Introuvable.

XXXIX L'horreur

- C'est bizarre, on dirait qu'il a jeté l'une de ses chaussures dans la bétonnière, regarde, Stéph...

Je me suis approché... et il a suffi d'une seconde... Juste le temps de me retourner pour vomir...

- Nadège... Ne regarde pas... Un os...

Elle a regardé... et en se retournant, c'est sur moi qu'elle a vomi.

Elle s'est serrée contre moi « Stéphane, Stéphane... » Nous nous vomissions dessus sans pouvoir nous lâcher. Elle parlait, je ne comprenais aucun de ses mots...

XXXX Un accident bête et stupide

- Contrairement aux bétonnières des particuliers, la 350 litres, professionnelle, est stable. Son bras fut entraîné par une pale... Et après il était trop tard, le plus souvent le bras est déchiré car l'homme sent qu'il doit le sacrifier, surtout ne pas se laisser happer.
- Il avait l'habitude de prendre une poignée de béton alors que son joujou tournait, son joujou comme il l'appelait... À chaque fois, je lui répétais qu'il était fou, qu'un jour il se ferait déchirer la main...
- Il l'utilisait depuis longtemps, cette bétonnière ?
- Ils ont acheté la maison fin février et il a commencé ses travaux début mars.
- C'est vous qui lui avez appris à l'utiliser ?
- Je ne touche pas à ce genre de machine ! C'est le voisin, monsieur Hanin, qui lui conseillait pourtant également de ne jamais mettre la main dans la machine quand elle tournait. On avait beau lui répéter de prendre le béton dans la main pour vérifier s'il collait bien, uniquement après en avoir vidé un peu dans la brouette...
- Oui, c'est plus sage... En vingt ans de service, je n'ai jamais vu un tel désastre, je me demande comment ils vont s'y prendre pour séparer un peu de chair du béton.

Je me suis remis à vomir, presque rien, il ne restait plus rien, juste la douleur d'une impression que les boyaux vont sortir. Le dialogue avec l'inspecteur Delattre s'est ainsi arrêté.

XXXXI Avion

Comme prévu, Amina est partie le 7. Après une énorme dispute où une nouvelle fois je lui ai rappelé que je n'en pouvais plus. J'appris ainsi qu'elle avait payé son billet cinq cents euros plus cher "de ma faute", pour éviter une crise, ne pas reprendre « Egyptair », la compagnie sur laquelle elle avait connu... « oui, je me souviens de ton mail du 9 février, envoyé dix minutes après celui où tu m'écrivais "mon Amour, tu me manques" et débutant par "Bonjour Carlo, tu te souviens de moi, Amina d'Egyptair ? Moi je ne t'ai pas oublié..." » Elle décida d'appeler un taxi, je sortais et soudain elle criait, "Stéphane" puis "Amour", je ne répondais pas, elle me cherchait... me trouvait finalement, assis près des arbres, sur des tuiles, derrière un muret... *« Je ne pouvais pas partir avec cette scène entre nous, je t'aime mais je suis obligée d'y aller... »* et la chair est faible... comme en septembre 2009, elle a voyagé avec un peu de moi en elle... ainsi, je l'ai "naturellement" emmenée à la gare de Cahors...

XXXXII Un scénario presque parfait

Amina « là-bas », Kader mort, un boulevard d'Amour s'ouvrait...
Le 21 avril, irai-je vraiment la rechercher ?
Nous rejouerons le 14 avril 2010 ? Je la baiserai et lui balancerai « c'était la dernière fois » ? Non, avec Nadège, ce sera un tel bonheur que l'idée de la toucher me dégoûtera tellement... Elle m'attendra, m'appellera... je ne répondrai pas, elle s'inquiétera... Qu'est-ce qui lui ferait le plus mal ? Un SMS « en souvenir du 14 avril 2010 je préfère me suicider que de venir te chercher une nouvelle fois à Cahors, putain d'Addis » ? Me rendre à la gare puis prétendre que nous partons à Bordeaux chez sa saleté de Kagera et m'arrêter sur une route déserte, prétexter un problème pour m'arrêter, lui demander de descendre et repartir en criant « si tu avais avoué en 2010 plutôt qu'inventer une histoire de submergée un soir, voilà ce que j'aurais fait, sale truie... »

Qu'est-ce que notre couple ? Sous son oreiller, elle avait laissé « *voyage au bout de la nuit* », qu'elle relisait ces derniers jours. En feuilletant je tombais sur une phrase soulignée « *Dans une histoire pareille, il n'y a rien à faire, il n'y a qu'à foutre le camp.* » Quand l'a-t-elle soulignée ? Lors de sa première lecture au moment de sa licence ? Ensuite ? Ces jours-ci ?
Des notes dans la marge semblent provenir de ses études « absurdité de la guerre », « image horrible de la mort », « absurdité de la dernière réplique du colonel »...

Certitude immédiate : elle a placé là cet exemplaire pour que je l'ouvre et y découvre l'état de notre couple dans sa tête : « *l'amour, c'est l'infini à la portée des caniches* » ; « *le tout, c'est qu'on s'explique dans la vie. À deux on y arrive mieux que tout seul* » ; « *Les chats trop menacés par le feu finissent tout de même par aller se jeter dans l'eau* » ; « *Je croyais à son corps, je ne croyais pas à son esprit.* » Et surtout, j'étais sidéré par « *La vérité de ce monde, c'est la mort. Il faut choisir, mourir ou mentir. Je n'ai jamais pu me tuer moi.* » C'est sa vie ! Pas simplement après le "nécessaire deuil" mais depuis vingt ans ! Je réouvrais le fichier Amina-theatre-realiste.txt pour l'y noter. Oui, elle pourrait murmurer du Céline pour expliquer sa vie. Quatre pages plus loin, elle avait souligné « *Nous sommes, par nature, si futiles, que seules les distractions peuvent nous empêcher vraiment de mourir.* » J'y considérais un nécessaire rapprochement avec les pensées de Pascal. Puis sur la même page « *Il faut se résigner à se connaître chaque jour un peu mieux, du moment où le courage vous manque d'en finir avec vos propres pleurnicheries une fois pour toutes.* » Je m'arrêtais là, page 204, de ma recherche de son "message." Stoppé net par une pensée "j'aurais aimé en parler avec toi en 2008, maintenant c'est inutile." Oui, en 2008, j'avais cru en cette harmonie tant recherchée, où l'on se dit tout, sans forcément viser à convaincre l'autre, juste pour échanger, découvrir l'être aimé.

« *Les chats trop menacés par le feu finissent tout de même par aller se jeter dans l'eau.* » Elle s'est d'abord sentie trop menacée par les hommes musulmans et s'est jetée sur le bon blanc de passage, incapable de nouer la moindre relation en France et effectuant son service militaire « en coopération » dans l'espoir d'y rencontrer une femme... Elle avait certes visé plus haut, un don juan qui a fini par lui présenter « sa fiancée venue lui rendre visite », un premier « avec qui il ne s'est rien passé », simple flirt plus tard contredit par « - J'ai pris une fois la pilule du lendemain, avec le militaire avant Bertrand - Je croyais qu'il ne s'était rien passé - Il ne s'est rien passé... il ne m'a jamais pénétrée, je ne voulais pas avant le mariage, mais il lui arrivait d'éjaculer au bord de mon vagin - Le plus souvent c'était dans ta bouche ? - Je t'ai dit que tu es le premier à qui je laisse faire ça - Dans ta main, ton anus, entre tes seins, alors ? - Oh je ne sais plus, pourquoi je te raconte toujours mon passé, ça me retombe toujours dessus - Le problème c'est que chaque version est différente... » Elle s'est sentie trop menacée dans son mariage donc s'est jetée sur un collègue. Elle s'est sentie trop menacée par notre amour, donc s'est jetée dans les marécages d'Addis-Abeba. Elle s'est sentie trop menacée par les souillures d'Addis-Abeba, donc s'est rejetée dans notre couple...

Finalement, malgré ce sentiment d'aquabonisme, je lui notais ces phrases dans un mail.
J'y ajoutais « *On est puceau de l'horreur comme de la volupté.* » (page 14) J'avais décidé de le relire. J'aurais préféré retrouver mon exemplaire, avec mes gribouillages mais pas le courage de retourner les cartons à la cave.

Réponse : « Mon Amour,
J'ai déjà lu ces phrases quelque part mais je n'arrive pas à me souvenir.
Elles ne sont donc pas de toi, même si je pense que tu t'adresses à moi.
Quelle est ton intention ?
Ton Amour »

« Mon Amour,
Naturellement, j'ai lu les passages récemment soulignés du livre que tu as laissé sous ton oreiller.
Quelle était ton intention en soulignant ces phrases pour que je les découvre alors que tu séjournes dans une ville que tu apprécies tellement, alors qu'en passant devant le "centre Fidel" peut-être cette fois un petit pincement jaillit quelque part ? Mais où ?
Ton Amour »

« Mon Amour,
Arrête avec tes procès d'intention. J'ai lu ce livre de Céline au moins cinq fois et je ne crois pas avoir souligné d'autres passages la semaine dernière.
S'il te plaît, arrête de me torturer. Tu sais bien que je suis ici pour voir mon fils et je t'appelle chaque soir. À tout à l'heure. Malgré ton petit jeu, tu me manques.
Ton Amour »

En relisant « *Voyage au bout de la nuit* », je me chargeais de réponses plus ou moins utiles pour expliquer ma dérive, notre union bancale. Je m'étais si longtemps contenté d'un « j'aime nos différences, je crois qu'un homme et une femme peuvent s'aimer sans être d'accord sur tout, ce sont ces différences et notre impossibilité de répondre à la question "pourquoi je t'aime ?" qui font la force de notre couple. Quand on commence à savoir pourquoi on aime quelqu'un, c'est qu'on ne l'aime plus vraiment, car ces choses s'étioleront rapidement. L'amour, c'est un mystère continu...»

Céline "me répondait" : « *Philosopher n'est qu'une autre façon d'avoir peur et ne porte guère qu'aux lâches simulacres.* » Je m'arrêtais sur « *À force d'être poussé comme ça dans la nuit, on doit finir tout de même par aboutir quelque part.* » Le matin, j'étais de nouveau "naturellement" passé chez Nadège, je pouvais penser "chez Nadège" mais de nouveau tout était fermé.

Après « *Voyage au bout de la nuit* », je me suis relu, versant « *le roman de la sagesse et du show-biz.* » Quelle horreur ! Tout ce que j'ai accepté, j'en avais pourtant parlé dans ce roman, ces dérives qui nous conduisent droit dans le mur avec des années lacérées dans la besace ! J'ai tout écrit de ce qu'il faut refuser et j'ai tout accepté. Maudite Amina qui m'a fait oublier jusqu'à mes meilleures lignes. Oui, j'avais "à cette époque" tout compris ! J'avais "tout compris" non à l'amour mais à ce qui empêche l'Amour ! J'ai honte de m'être oublié, renié. Pourtant chaque soir je lance Skype et Amina me raconte sa journée. Elle me montre qu'elle dort bien dans une pièce peu confortable louée par son ancienne cuisinière, désormais au service de son ex-mari... Elle y passe simplement prendre sa douche chaque jour, chez lui... mais durant son absence, quand il travaille...

Elle me remarque « peu loquace », croit qu'il s'agit d'une conséquence de "la mort de mon ami." Et ajoute immanquablement « c'est horrible ce qui lui est arrivé. » Elle demande même des nouvelles de Nadège. C'était

vrai, je n'en ai pas. « Peut-être est-elle retournée là-haut »
je conclus. Je ne comprends pas pourquoi elle aurait agi
ainsi mais cette seule hypothèse me semble plausible.
Pourquoi ne m'a-t-elle pas prévenu ? Là, je n'ai aucune
réponse. À part le « elle ne serait quand même pas partie
rejoindre ce fils de Carlo ? »

XXXXIII Fin de partie

Le "corps" de Kader sera incinéré. Sa mère voudrait un enterrement, une tombe. Mais j'apprenais qu'ils étaient mariés et souhaitaient l'incinération, ne voulaient surtout pas se retrouver dans un cimetière où après quelques décennies des employés municipaux font le ménage car personne n'entretient la concession. Je me souvenais forcément leur avoir parlé de ce sujet, après ma découverte d'écriteaux « *Face au défi du temps et de ses outrages, cette sépulture se détériore ou semble laissée à l'abandon. Une procédure de reprise est engagée. Si vous souhaitez la préserver, veuillez vous présenter à la mairie pour la démarche à suivre.* » Même sur de magnifique tombeaux dans le cimetière de Cahors derrière les remparts.

C'est le maire qui m'en informa le mardi. Il avait délivré le permis d'incinérer. Il avait vu Nadège la veille, « *pas en forme.* » Elle était donc présente !

Je tombais des nues au sujet de leur mariage, prononcé à Toulouse le 10 mars 2012, avec pour témoins madame et monsieur Hanin. Marcel me le confirmait. *Les jeunes* leur avaient demandé de garder ce secret...
Je suppose qu'une petite enveloppe l'avait scellé.

L'incinération se déroulait à Cahors.

Le 11, au matin, Nadège décrochait enfin. Nous sommes partis ensemble. Je l'ai prise en passant. Rendez-vous au crématorium à 14 heures.
- Tu sais que je suis venu chaque jour et que je t'ai appelé des centaines de fois.
- Oui.
- Alors ?
- S'il te plaît, nous parlerons plus tard. Je vais très mal.

Je posais ma main droite sur sa jambe gauche. Elle souriait tristement, me l'a prise seulement trois fois à l'aller mais huit au retour, oui je les comptais, pour la porter à ses lèvres et l'embrasser tendrement. Je la sentais au bord des larmes.

Nous étions cinq. Nadège, la mère de Kader, une tante, une cousine. J'étais donc l'unique homme. Monsieur Hanin ne l'avait pas revu depuis son exhibition. Il m'avait déclaré la veille au soir « ma femme voudrait qu'on y aille mais ce n'est pas notre place. »

- Nadège, tu sais pourtant que tu peux tout me dire.
Elle s'est serrée contre moi et m'a susurré « je t'aime. »
Mais arrivés au Pech :
- Non Stéphane, un autre jour... c'est difficile... je viendrai te voir, je te le promets... (et elle m'a susurré) Quoi qu'il arrive, n'oublie jamais que je t'aime, vraiment, comme je n'ai jamais aimé.

Je n'ai pas dormi. Maintenant, je me demande comment je n'ai pas deviné qu'elle était "câblée"...

Le lendemain, elle n'est pas venue et ses volets étaient fermés quand je suis passé vers 17 heures. Le vendredi 13, vers midi, idem...

XXXXIV Samedi 14 avril

Après une nuit sans sommeil puis un rapide passage au marché de Montaigu, j'appelais la mère de Kader.

- ...Kader m'avait donné votre numéro, me précisant que je pouvais tout vous dire, vous faire confiance. Il avait même ajouté « *si un jour il m'arrive quelque chose, tu dois lui demander son avis.* »
- Sa confiance me touche, et la votre. Il m'avait également dit qu'il vous considérait comme un homme de confiance, quand il est revenu, le 20. Je ne l'ai plus revu, comme c'est terrible. Pourquoi la vie me prend mes enfants l'un après l'autre. Qu'ai-je fait de mal ?
- J'ai une question : avez-vous des nouvelles d'un certain Pablo ? (après quelques secondes de silence, j'ajoutais) Kader considérait que l'on pouvait tout se dire.
- Vous savez même cela... Kader m'a raconté qu'il ressentait des mauvaises ondes. Les jeunes sont venus me voir, il est introuvable. C'est la dernière volonté de Kader, ils se demandent comment ce rital a pu deviner. Ils croient qu'il a pactisé avec Satan, qu'il a des pouvoirs pour envoyer le mauvais esprit. Je leur ai dit que ça ne servait plus à rien mais ils sont persuadés qu'il a les pouvoirs du mauvais esprit et qu'il faut l'éliminer, sinon la cité va brûler. Qu'en pensez-vous ?
- Je ne crois pas en Dieu, donc je ne crois pas en Satan mais je crois que certains êtres sont maléfiques. Je crois que tout les problèmes viennent du père de Pablo, c'est lui le vrai coupable, son fils n'est que son instrument.
- Vous croyez ?
- Je vous rappellerai...

J'en savais assez ! C'était clair dans ma tête : Nadège a prévenu Pablo du contrat sur sa tête et il est descendu liquider « Kindle Publishing Man. » L'ordure !
Il est là, avec elle, derrière les volets fermés. Ils prennent leur pied !
Facile de voir sans être vu de la butte du "Pech Roquebert". Le téléphone raccroché, j'y ai presque couru

(dans la limite de mes moyens), y restant jusqu'à la tombée de la nuit. Rien, pas un signe de vie.

XXXXV La fronde du dimanche 15 avril 2012

Que pouvait penser Nadège en retraversant la forêt le 3 avril avec mon sperme dans la bouche alors qu'elle savait que son amant préféré en profitait pour liquider son mari ? Encore une nuit sans sommeil. Et c'est durant ces heures où j'attendais le jour que l'idée m'est venue de confectionner une fronde, pour balancer régulièrement des cailloux contre les volets. Il est évident que de tels bruits intrigueraient et forceraient tout occupant à réagir...

Je pensais « Amina m'en voudra sûrement » mais le seul cuir trouvé fut celui des pneus du vélo de son fils. En cas de guerre, la confection des armes est essentielle, on sacrifie même les statues pour fondre des canons...

10 heures 20 : oui, cette maison est occupée... Et mon zoom optique de 30 me permet d'obtenir le cliché de l'italien durant les trois secondes où le volet s'ouvre. Un pressentiment : s'ils se savent épiés, ils vont s'enfuir.

En plus de l'appareil photo, j'avais emporté une bouteille d'eau, les deux opinels, la serpe, la bombe lacrymogène, mon portable et la carte de l'inspecteur Delattre, qui me l'avait laissée sûrement plus par habitude que pour le « si vous vous souvenez de quelque chose. » Son numéro fut basculé sur un serveur (sûrement pas en Inde, la délocalisation de ces centraux téléphoniques ne manquerait pas d'indigner nos vaillants journalistes).

Il me promit le passage d'une patrouille. Et me laissa sa ligne directe. Que je rappelais une heure plus tard, le taxi venu, déjà reparti. Dès son arrivée, le Pablo s'était précipité avec deux valises, enfournées dans le coffre. Il était retourné dans la maison et tenait Nadège par la main en ressortant. Il prit néanmoins le temps de refermer à clé tandis qu'elle restait plantée à ses côtés, le regard vide, dans un état déplorable, les traits tirés. 154 photos. Merveille de la photo numérique !

- Ils se sont sûrement aperçus que je les surveillais, ils viennent de s'enfuir en taxi.

Je lui communiquais le numéro. Ils furent arrêtés à l'entrée d'autoroute de Castelsarrasin. Ils partaient pour l'aéroport de Toulouse-Blagnac, avaient réservé une heure plus tôt deux billets pour Casablanca.

XXXXVI Ma version officielle

L'homme libre réécrit l'Histoire, toujours. L'inspecteur Delattre m'écoutait plus qu'il questionnait :
- Je ne pouvais pas croire qu'un mec comme Kader se laisse happer comme une crêpe dans une bétonnière. Je l'ai vu cent fois prendre une poignée de béton sans même une égratignure. Je suis passé le matin, il était en pleine forme. Nous avons bu une bière.

Et c'est en racontant que le scénario de cette journée m'est vraiment revenu. J'enchaînais comme je le découvrais dans ma tête. Tout s'éclairait. Après coup. Mais je n'allais quand même pas gâcher cette occasion de briller !

- C'est vendredi que je me suis rappelé. Si je vous avais téléphoné pour vous signaler que ce jour-là, je m'étais endormi dans le canapé après avoir bu une bière chez Kader et retraversé la forêt, vous auriez sûrement considéré que je vous dérangeais pour pas grand-chose, vous n'auriez pas cru devoir surveiller cette maison.
- Peut-être, mais visiblement j'aurais eu tort ! On sait dans notre métier que le plus souvent les enquêtes se résolvent ou non grâce à la prise en compte des bons ou des mauvais détails... Je vous écoute.
- Mercredi, ce fut l'incinération. Nadège m'a semblé étrange. Nous y sommes allés ensemble. Au retour, alors que je lui proposais de rester avec elle un moment, elle s'est presque sauvée de la voiture. Jeudi, je suis passé pour prendre de ses nouvelles, tout était fermé mais leur, enfin, sa voiture était là, elle y est toujours.... Et c'est hier que je me suis souvenu de l'état dans lequel une bière m'avait mis... Mais quelque chose ne fonctionnait pas : je ne vois pas Nadège et ses peut-être même pas cinquante kilos basculer Kader dans une bétonnière... Kader et Nadège sont mariés depuis peu et pour résumer, il l'a chipée à un mec que je n'ai jamais vu, un certain Pablo, avec qui il semble y avoir eu des remous là-haut... J'ai téléphoné à la mère de Kader pour prendre de ses nouvelles mais également pour lui demander si elle en avait de Nadège. Je

l'ai questionnée sur ce Pablo... et il lui sembla qu'il n'était plus dans la cité depuis plusieurs jours. Tout devenait plausible : si une bière sûrement droguée m'a mis KO pour quelques heures, Kader fut littéralement assommé avec trois... Le pack n'en contenait plus que deux le lendemain matin... et de là à penser que Nadège soit toujours restée liée avec Pablo, qu'elle se soit mariée avec Kader pour l'argent, un mariage dont personne ici sauf madame et monsieur Hanin ne connaissait l'existence, et qu'ils aient décidé de rapidement supprimer Kader, voilà tout ce qui m'a traversé la tête d'apprenti enquêteur !

- Plausible. Un ministre avait suggéré de présenter les cas les plus épineux à des romanciers. Votre manière d'aborder les scénarios pourrait souvent nous aider. Mais les budgets manquent... donc quand nous pouvons obtenir des aides bénévoles nous les acceptons ! En tout cas, la fille est partie immédiatement aux examens, elle semblait complètement droguée et quand elle a repris ses esprits, elle était ravie d'être arrêtée... Savez-vous ce que sont devenues les deux bières ?

- Aucune idée.

- Entre le moment où vous avez découvert le... disons corps et notre arrivée, auraient-elles pu être subtilisées ?

- Je n'ai vu personne et Nadège semblait trop perturbée pour penser à cela... mais on ne sait jamais... je crois que c'est une bonne actrice...

L'inspecteur avait sorti son Smartphone et se concentrait sur son écran...

- Encore un détail qui nous aurait permis de chercher un coupable plus rapidement : les deux bières fermées se trouvent bien à côté de la bétonnière sur mes clichés. Il ne faut jamais perdre de vue qu'un crime est toujours possible et s'arrêter sur chaque indice, même quand l'horreur d'une scène ne peut pas laisser insensible.

XXXXVII La version de Nadège

- La fille a tout déballé, elle nous a semblé sincère. Lui reste muré dans son silence, veut voir un avocat.
- Ça correspond à ce que j'ai imaginé ?
- Ce n'est peut-être pas surprenant mais elle nie toute responsabilité alors que vous penchiez plutôt pour sa complicité. Selon elle, Pablo a débarqué dans le Lot le 28, il les aurait surveillés jusqu'au 30, et le matin, quand Kader est parti à Montauban au Bricodépôt, il a surgi devant elle. Il l'a convaincue que si elle ne le cachait pas, sa mère serait assassinée par un de ses amis. Après une scène qu'elle décrit terrible, il s'est trouvé un endroit dans le grenier où il aurait vécu jusqu'au 3 avril. Elle l'aurait peu vu les 30 et 31 mars comme les 1er, 2 et 3 avril. Kader se serait simplement absenté quelques minutes le 2 pour se rendre chez monsieur Hanin, qu'il n'a pas vu. Le sieur Pablo en aurait profité pour descendre à la cave, elle ignore ce qu'il y a fait. En tout cas ils auraient failli se rencontrer, Kader ayant vu la porte du grenier ouverte mais Nadège a prétendu y être montée et qu'il faudrait un jour nettoyer les toiles d'araignées. Elle connaissait sa peur de ces petites bêtes donc considère avoir réussi à éviter cette rencontre mais qu'il aurait peut-être mieux valu qu'elle n'intervienne pas.
- Vous croyez vraiment que ce n'est pas elle, le cerveau de cette affaire ?
- Pour l'instant, je vous résume sa déposition. Je pense justement que si certains points vous semblent impossibles, vous me les signalerez. Le 3, en rentrant de marcher, en fin d'après-midi, elle aurait trouvé Pablo tranquillement installé dans le canapé. Elle se serait exclamée qu'il était fou, que Kader allait les tuer s'il les voyait. « Je sais, le premier qui tue l'autre gagne la beauté du 9-3. Donc j'ai gagné ! » Il lui expliqua avoir discrètement ouvert le dernier pack de bières pour y ajouter quelques gouttes de somnifères. Kader en aurait bu une le matin avec vous puis deux après le repas avant de commercer à faire du béton. C'est à ce moment là que

Nadège serait partie marcher pour rentrer vers 17 heures 30. Il lui expliqua ce qu'elle devait faire, appeler l'écrivain, je crois que c'est vous, le garder pour la soirée par tout moyen à sa convenance, et que ce soit vous qui découvriez le corps. Vous avez donc passé la nuit avec elle...

- Oui.

- Je comprends que vivant en couple, vous avez préféré déclarer que vous aviez dormi dans le canapé... Je pense que ça ne s'ébruitera pas...

- Mon couple est en très mauvais état... ce qui explique sûrement cela... Donc au-dessus de nous, il y avait ce Pablo ! C'est pour cela qu'elle s'est levée plusieurs fois, me pensant endormi ! Elle souhaitait le rejoindre au grenier !

- Vous êtes persuadé de sa culpabilité mais effectivement, ça nous a semblé bizarre qu'un homme décide que sa compagne doive vous retenir par tout moyen à sa convenance.

- Elle vous a sûrement expliqué que le père de Pablo a couché avec celle qui est encore ma compagne officielle... La putain d'Addis-Abeba dans ma bouche.

- Et lui également.

- Lui également !

- Je n'aurais peut-être pas dû...

- Allez-y... ce n'est plus qu'une question de degré dans sa trahison. Je savais tout à deux, c'est donc logique qu'il y en ait eu au moins trois !

- Ce Pablo s'est rendu une semaine à Addis-Abeba fin mars 2010. Et le dimanche matin, alors que son père était parti saluer une certaine Sophie, il est descendu et elle se promenait avec juste un boubou, une petite tenue africaine. Il a bien vu qu'elle ne portait rien en dessous, alors il lui a joué le coup du mec très triste, elle l'a pris dans ses bras pour le consoler et ils se sont retrouvés sur le canapé où il l'a pénétrée. Ce serait pour se venger de son père qui aurait dépucelé Nadège quand elle avait dix ans... Mais nous pensons que ça n'a rien à voir avec le fait qu'il ait souhaité qu'elle passe la nuit avec vous. Il semble qu'il voulait simplement qu'une tierce personne découvre le corps. Désolé pour le coup que je viens de vous asséner.

Après un silence :

- Nadège savait et ne m'en a donc jamais parlé ! Alors qu'elle m'a raconté Carlo et Amina.

- D'après ses déclarations, elle l'aurait appris récemment, durant ces quelques jours après l'assassinat, je crois que nous pouvons parler d'assassinat de Kader, où Pablo l'a retenue prisonnière en la droguant.

- Merci de ces informations. Un remake de la trahison numéro 1. J'ai un mail urgent à écrire !

XXXXVIII Le mail à Amina

Tu seras sûrement mécontente d'apprendre qu'il t'était inutile de partir à Addis-Abeba en espérant y rencontrer ton amant C., car tu aurais pu en trouver un près d'ici : son fils séjourna chez nos voisins.

XXXXIX La réponse d'Amina

Ce n'est que le soir qu'arriva sa réponse. Je n'avais pas connecté skype, ne le connecterais plus.

Que cherches-tu par ces provocations ?

L Dernier mail à Amina

Je ne cherche plus rien. Fin juin 2010, tu as juré sur la tête de ton père que je savais tout, pour que nous vivions ensemble. Fin juin 2010, tu as juré sur le Coran que je savais tout, pour que nous vivions ensemble. Et j'ignorais ta demande en mariage de 848 mots du 3 avril ainsi que ta délicieuse nuit du 6. Tout s'était déroulé en quelques jours début mars ! Mais ayant découvert cela, naturellement je savais tout. Sauf que tu étais disponible, ouverte, consolatrice. Pablo désormais derrière les barreaux, y est passé comme sûrement bien d'autres à Paris, Bordeaux, Addis-Abeba, Avignon...

Pour une putain, un mec en plus ce n'est sûrement rien d'important. Tu pourrais sûrement justifier le "tu sais tout", je savais ce que tu étais... Mais il est préférable que tu ne reviennes pas en France. Je ne veux plus te voir, tu me dégoûtes. Fais ce que tu sais faire de mieux et il te reprendra.

LI Amina durant la nuit (mail lu le lendemain)

Amour,

J'en ai assez de tes insultes. Tu m'as assez insultée sur ce qui s'est passé avant juillet 2010. J'ai eu mes raisons de faire ce que j'ai fait. Maintenant, à cause de toi, ma vie est en France, mon travail est en France. Depuis notre décision de vivre ensemble, je me comporte comme ta femme, douce et fidèle, bien que nous ne soyons pas encore mariés. J'espère que tu viendras me chercher à la gare comme prévu, tout simplement. Je t'aime. J'ai tiré un trait sur le passé. Il faudrait que tu sois capable de le faire également plutôt que de chercher à m'attaquer sur des détails.

J'allais très mal, mon Amour. Certains en ont profité. J'ai été la victime de ces choses désagréables que j'ai préféré immédiatement oublier. Je ne veux plus y penser. Je t'aime et rien d'autre n'a d'importance.

Ton Amour

LII Nadège et Amina

Amina n'était déjà plus rien. Qu'elle se soit laissée mettre par un jeune homme ayant compris sa grande capacité de consolation n'est finalement qu'une péripétie. Elle m'expliquerait qu'elle ne voulait pas, que c'est lui... Forcément... Sa mère déjà se fâchait quand adolescente elle se collait contre les hommes lors d'un simple "bonjour". Elle la prévenait qu'ils en profiteraient rapidement, penseraient que c'était une invite à plus d'initiatives. Malheur au prochain qui va croire en ses belles phrases. Les êtres les plus malsains sont souvent ceux qui veulent apparaître les plus sympas. Mais j'ai également cru en Nadège. J'ai cru en son histoire plausible.

Tout ce que me donna Nadège durant ces dix-neuf jours n'était que pitié envers un humilié et quête d'un père de remplacement. L'amour, l'amour, l'amour, je n'ai que ce mot en tête et pourtant ce fut toujours autre chose. En épitaphe, le plus logique serait de me commander un « il a cherché l'amour et il n'a trouvé que des histoires. » Bien que j'aimerais quand même faire graver « dans cette position, c'est la fellation qu'il préférait. » Mais cette épitaphe risque d'être censurée !

LIII Affaire Amazon

Certes en mars il m'a payé pour six mois. « Je ne vais quand même pas te faire un chèque de presque rien chaque mois ! Tu me dis combien ça fait le total, et on est tranquille. » Finalement ce fut pour six mois. Comme je le regrette aujourd'hui ! Mais il est mort et je suis donc contractuellement dégagé de la nécessité de rendre un manuscrit à qui que ce soit. Quant à son contrat avec Amazon... je ne suis pas noté... mais il devrait pouvoir constituer une bonne porte d'entrée...
Le 16 avril, j'ai donc réécris à Monsieur Xavier Garambois, patron d'Amazon France.

Réécris oui. Car comme d'autres sûrement, j'avais précédemment, en vain, essayé d'attirer son attention. J'avais pourtant des arguments...

« Le chantre de l'auto-édition, créateur en l'an 2000 du portail http://www.auto-edition.com
Je me sens nettement plus proche de votre approche que de celle d'Antoine Gallimard !

Vous recherchez "l'Amanda Hocking français", j'ai écrit, mi-2011, que je le serai peut-être ! Auteur-éditeur depuis 1991, professionnel depuis 2004, 14 livres en papier avant le virage numérique.

Le guide de l'auto-édition numérique en France entre parfois dans votre top 100.
Peut-être un roman autobiographique et *Réponses à monsieur Frédéric Beigbeder au sujet du Livre Numérique* connaissent un succès d'estime qui pourrait se transformer en "grande vague" avec un soutien médiatique... ou le votre...

Je ne passe pas par votre plateforme d'autopublication (je l'ai "naturellement" testée avec deux ebooks) mais par l'edistributeur immateriel.fr dont les prestations me conviennent. Financièrement, pour vous, c'est équivalent !

Et pour moi, je considère qu'immateriel mérite sa marge ! Je soutiens le travail de Xavier Cazin.

Romancier, dramaturge, auteur de chansons, essayiste... Faute de contact direct, je n'ai pu vous informer de la "promotion élections présidentielles" à 0.99€ sur mes essais politiques (http://www.commentaire.info). Je pense qu'il aurait été possible de générer de nombreuses ventes avec plus d'informations. Je suis à votre disposition pour d'autres opportunités... et des actions concertées... »

Lettre sans réponse. Cette fois, je me pensais en "bonne situation."

« Nous ne sommes liés par aucun document. Mais j'ai signé le 22 février 2012 un contrat avec Kader Terns, par lequel je m'engageais à lui écrire son autobiographie avant mars 2013, le texte que vous attendez donc, pour lequel vous avez signé avec lui un contrat d'exclusivité le 10 janvier 2012.

J'ignore les modalités exactes de votre accord. Kader Terns m'a simplement signalé votre versement d'un à-valoir de 150 000 euros.

Suite à son décès, l'engagement avec Kader Terns est désormais caduc.

Naturellement, face à l'imprévisible des événements qui viennent de se dérouler dans mon village où il avait acquis une propriété, je me permets de m'adresser à vous, afin que nous trouvions ensemble, si vous le souhaitez, la meilleure solution... Je pense d'ailleurs que ce texte sur Kader, même s'il perd une partie de son caractère autobiographique, suscitera un grand intérêt... »

Je lui replaçais quelques phrases de la première lettre...

LIV Le livre tibétain de la vie et de la mort

Amina, je lui avais conseillé, ce « *livre tibétain de la vie et de la mort* », mais sans parvenir moi-même à le relire, même en l'ouvrant à de multiples endroits. C'était en 2010. J'avais envie de le relire mais il m'en manquait la force. Je sentais qu'il m'aiderait mais ce fut impossible. Elle l'a emporté un dimanche devant le feu et le soir le reposait dans la bibliothèque.

« - Ça ne m'intéresse pas.

- Pourquoi ?

- Ce n'est pas intéressant ! »

Je n'avais pas insisté, pensant que ça remettait en cause ses "convictions musulmanes."

Ce matin, alors qu'il prend la poussière au même endroit depuis des mois, dans le rayon du bas, il s'est imposé à mon regard, je l'ai pris, j'ai souri, en pensant « aujourd'hui que mes châteaux de sable se sont effondrés, je peux revenir vers toi. »

« *Même une expérience négative peut devenir une source de grande bénédiction et d'accomplissement.* »
Page 115.

Amina ne fut qu'une expérience négative. D'elle je retiendrai le tajine (j'aurais plutôt appelé ce plat "la tajine" mais il se révèle masculin) qui me permet enfin d'apprécier les légumes, et la fin de cette certitude que les différences se complètent, permettent, dans l'amour, un véritable échange, un approfondissement des choses... C'est peut-être pour cela que malgré tout j'ai laissé faire, je l'ai laissée faire, lui accordant le temps d'évoluer, de comprendre notre liberté occidentale ; oui, elle cherchait la liberté en fuyant Djibouti avec son militaire devenu prof... mais elle n'a trouvé que la liberté de coucher avec ceux qu'elle veut consoler ou séduire ; j'ai toujours été persuadé qu'aucune conception divergente ne pouvait briser l'amour véritable. Il est vrai que je ne m'étais jamais intéressé aux religions. J'ignorais que musulmans, juifs, témoins de Jéhovah et sûrement d'autres exigent de leurs croyants qu'ils épousent une personne de leur communauté ou la convertissent... Je m'étais toujours ressenti d'une grande famille humaine libérée des croyances ancestrales par l'éducation et du communisme par l'échec économique... J'éprouvais ainsi une grande compassion (le mot est peut-être exagéré) pour les chinois, iraniens, afghans, un peu comme "nous" pensions aux femmes et aux hommes derrière le rideau de fer. Elle m'aura donc éclairé la réalité de la vie sur terre au début du troisième millénaire. Je vivais dans un rêve. Je crois qu'elle aurait aimé y vivre également. Au point que je lui ai plusieurs fois, quand les conversations existaient encore entre nous, exposé la manière dont je la voyais :

« - Tu te forces à croire en l'existence d'un Dieu, à une vie après la mort, car c'est trop douloureux pour toi de te dire qu'à trente-cinq ans ton père a disparu pour toujours, qu'il n'existe plus rien de lui et qu'il n'existera jamais plus rien de lui. Tu vas avoir trente-cinq ans, Amina, ne gâche pas ta vie à cause de cette blessure de la mort de ton père. Je sais que ce fut une douleur terrible, je sais que tu as cru en mourir de chagrin et de désespoir. Mais si tu décides de vivre heureuse, nous allons réussir.

- Dieu existe, je le ressens, je sens un lien entre lui et moi.

- Même si Dieu existait, rien ne t'oblige à devoir me convertir.

- Si tu lisais les paroles du prophète tu comprendrais...

- Entre toi et moi, il existait également un lien, et tu l'as détruit pour te permettre de faire ce que tu as fait là-bas. La possibilité de ressentir un lien est dans la nature humaine. Je ne suis pas un Dieu et pourtant tu peux ressentir un lien avec moi, tu n'es pas un Dieu et je peux ressentir un lien avec toi.

- Il y a en nous un peu de Dieu. Il nous a créés à son image. C'est pour cela que nous pouvons ressentir, c'est pour cela que l'on se ressentait. Si tu acceptais de devenir musulman, je crois que je te ressentirais de nouveau. J'ai besoin de me sentir vraiment ta femme, donc que tu sois musulman. »

Pourtant, la force de me quitter, elle ne la trouve pas.

LV Amazon désillusion

20 avril 2012

Appel d'un collaborateur de Monsieur Xavier Garambois...
Immédiatement je regrettais d'avoir communiqué mon numéro de téléphone, en pensant « une conversation, ça ne laisse aucune trace », et d'une moue témoignais aux anges sûrement installés à mes côtés, mon regret ne pas avoir réinstallé le matériel d'enregistrement des communications dans ce bureau...

« Il n'existe aucun contrat entre la société Amazon et monsieur Kader Terns. »

« - Pourquoi aurait-il inventé cette histoire ?
- Peut-être pour que vous lui écriviez un texte de meilleure qualité que celui ayant réussi à s'imposer en tête des ventes de notre plateforme !

(...)

- Mais est-ce qu'un texte mi autobiographique mi regard d'un écrivain, moi, sur Kader Terns, vous intéresse ?
- Tous les textes nous intéressent, vous savez, monsieur Ternoise, et nous suivons avec intérêt votre travail, même si nous ne pouvons pas le soutenir plus que d'autres... »

J'apprenais qu'ils n'avaient pas l'intention de signer de contrats d'exclusivité avec des auteurs en France... Mon rêve d'un lancement exceptionnel s'envolait...

Il aurait donc inventé toute cette histoire pour se rehausser dans l'estime de Nadège et « blanchir dans leur couple » 150 000 euros ! Et moi, je n'étais qu'un subalterne de sa supercherie. Bien payé mais pris pour un con !

Il avait payé 10 000 euros pour le cul de Nadège. Il pouvait en sortir 40 000 pour refermer le piège.

LVI Suis-je suspect ?

Qu'a réellement raconté Nadège ? L'inspecteur continue à passer, à parler "amicalement."
Suis-je le dernier suspect ?
Pourquoi aurait-elle caché notre relation ? La grotte ?
Qu'a-t-elle à y gagner ? Mon estime ?
Elle croit réellement pouvoir réécrire l'histoire ?

Je suis dans l'affaire. Le mobile du meurtre, je pourrais l'avoir. Tout en prétendant perdre énormément, six fois 2400 euros plus 10 000 envolés, plus 5% d'un livre attendu... Dérisoire face à l'argent de la veuve. Nous aurions joué un jeu dangereux ? Nadège appelle Pablo pour qu'il liquide (ou plutôt bétonne) Kader ; l'assassin emprisonné, condamné, elle rejoint son écrivain préféré...

Pourquoi aurait-elle caché notre relation ? Pour ne pas me plonger dans cette histoire ?
Terrible cerveau, va ! Tu espères encore qu'elle t'Aime !

LVII La grande décision

Je tire un trait sur tout cela. Je le répète une bonne cinquantaine de fois, devant le miroir de cette salle de bains. Du Souchon me vient, me permet de stopper ce tantra. « *D'vant l'miroir d'une salle de bains...* » Toto a largement dépassé trente ans...

Je tire un trait sur tout cela. Ça se passe sûrement toujours ainsi dans un village quand une femme superbe débarque avec le besoin de tromper son compagnon. Forcément elle remarque l'homme dont le couple agonise, surtout si pour raisons "professionnelles" il passe chaque jour. Même s'il ne peut, physiquement, compter que sur ses « magnifiques yeux bleus verts », ce qui s'avérerait bien insignifiant en d'autres circonstances. Bien sûr, durant quelques jours, c'est la certitude du grand Amour, l'idéalisation, la cristallisation chère à Stendhal.

Quant à l'Amina... aujourd'hui encore je pense que l'explication la plus cohérente m'est venue ce jour-là... Certes, elle s'était déjà régulièrement invitée dans ma tête mais là, face au besoin de clarifier ma vie, je l'énonçais.

Quand elle est repartie à Addis-Abeba en septembre 2009, ce fut pour moi également la meilleure des solutions possibles ! Ne pouvant la combattre, j'avais accepté son interdiction de vivre avec un non musulman.

Si elle restait en France, c'était pour y vivre dans "leur chalet" où je me rendrais régulièrement... puisqu'elle en était certaine dès avril : elle avait totalement raté le concours d'instit.

Et même pour un tel plaisir sexuel, sensuel, j'en avais marre de "leur chalet."

J'avais intériorisé, accepté son raisonnement, son blocage : on ne peut pas vivre ensemble. J'espaçais le plus possible mes visites, certes à cause de ces kilomètres mais également en espérant qu'un manque terrible de moi la déciderait à franchir le pas. Ce ne fut jamais suffisant...

Donc, ce manque de moi, j'ai cru qu'il pourrait survenir dans un programme qui finalement me convenait : j'y vais pour mon fils et je travaillerai à fond les cours, il accepte de me payer la formation approfondie, et je reviendrai en décembre pour passer les fêtes avec toi et en avril également, pour l'examen mais également quelques semaines pour toi. Oui, nous coucherions dans le même lit sûrement autant de jours que si elle vivait en France. Et tout est possible : je peux lui manquer au point qu'elle accepte de s'installer ici, qu'elle revienne en décembre en me déclarant ne plus pouvoir vivre sans moi…

Mais ce ne fut pas le cas ! Donc dès janvier 2010 notre séparation me semblait inéluctable, au plus tard en septembre, après des vacances de plaisir… les vacances de la dernière chance… j'ai ainsi programmé pour son retour d'avril un déplacement d'une semaine chez ma mère… durant les jours où elle devrait « réviser à fond. » Elle garderait la maison, s'occuperait des bêtes… avec son "sens de la famille", elle approuva…

Puis il y eut son « *si tu savais ce que j'ai fait, tu ne serais pas ainsi.* » Depuis son arrivée à la gare de Cahors, l'Amour était de nouveau totalement là, une osmose d'apparence totale, ayant évacué nos échanges par mails parfois froids et "bizarres." Ces « *choses désagréables* » qu'elle devait me raconter… elle les avoua, elle prétendit les avouer, en commençant ainsi dans la salle de bains, je sais maintenant qu'il s'agissait du "service minimum" pour placer des préservatifs entre nous car elle n'en avait pas exigés du monsieur « *on s'est laissé submerger un soir mais je n'y suis pas retournée.* » C'était un ami, simplement un ami, celui qu'elle avait rencontré en décembre 2009 à l'aéroport du Caire…

Ce 14 avril 2010, c'était également trois jours avant ma remontée dans le nord, sûrement la dernière occasion de revoir ma mère… et j'ai eu envie de cette femme ayant tressé ses cheveux "à l'africaine", comme je les préfère, cette beauté au sourire envoûtant, même avec préservatifs. J'avais une envie sexuelle d'elle. J'ai retenu ma colère, je l'ai baisée, je me suis contenté de son explication. Je pouvais pardonner un « submergée un soir. » Elle m'a avoué le maximum du pardonnable.

Ensuite, elle a su m'embobiner avec ses mails d'Amour, ses belles promesses, et même ses stripteases devant webcam, sa masturbation, quand elle y est retournée un mois "comme prévu". Tant de photos depuis si souvent au centre de nos disputes. « Que Djibouti découvre ce que tu fais en France, comment tu gagnes ton argent, ce que tu es… »

Elle a souhaité que l'on vive ensemble et j'ai accepté de ne plus acheter de cochon, simplement finir celui dans le congélateur. L'alcool, nous n'en avions pas parlé… car selon certains musulmans on peut en boire, bien qu'elle considère cela "haram" mais ce n'était pas le plus important. Elle m'a donné son anus, endroit totalement "haram" mais elle voulait me montrer que ce n'était pas que des mots le « *je suis totalement à toi pour la vie, je m'engage avec toi pour la vie, je sais que tu es mon Amour, que notre Amour est la plus belle chose qui me soit arrivée dans ma vie, que je ne vais plus gâcher ma vie…* » Tout n'était que des mots, une sincérité de l'instant qui serait vite balayée. Oui, elle allait atteindre les trente-cinq ans, l'âge de la mort de son père, décédé en Éthiopie où militaire il s'était enfui avec sa famille durant leur guerre, en Éthiopie où elle avait brisé son couple d'avec son mari en prenant un amant, en Éthiopie où elle m'avait trahi.

Je tire un trait sur tout cela. Je le répète de nouveau. Si j'étais parti en Éthiopie comme elle me le demanda en 2009, j'y serais mort. Cette certitude est en moi.

Je relis des mails. J'y vois désormais ce que j'occultais alors, ses références à Dieu…

14 juin 2010 à 11 heures 24

Subject: yi oulï

Yi oulï,

Voilà un mot que je n'avais jamais employé pour personne d'autre car il ne s'est imposé que pour toi.

Yi oulï, mot crié par une mère quand elle perd son enfant, mot exprimant le plus sacré d'attachement. Yi oulï, expression que j'ai l'impression avoir été créée pour toi, pour exprimer ce que j'éprouve pour toi.

Amour, j'ai envie que nous vivions notre Amour dans la plus grande communion, je voudrais que nous vivions la plus sacrée des unions, je voudrais que nous nous aimions toute notre vie, bénis de Dieu.
Je n'ai pas peur du ridicule avec toi, je n'ai pas peur de te dire que je t'Aime tellement que je te veux le Bien, le Bien d'une vie bénie, d'une vie d'Amour, d'une vie avec Dieu, d'une vie de bien, dans la vertu, dans le bonheur.

Yi oulï, je sais, j'ai fait beaucoup de mal, je me suis lamentablement trompée sur la force de notre Amour, mais l'Amour a su s'imposer. Cet Amour que je crois en lien avec Allah.

Amour, je rêve qu'un jour nous prions tous les deux ensemble, toi et moi, unis dans nos prières, unis dans la vertu, unis dans l'Amour.

Je sais, je n'ai pas été vertueuse, mais Amour, tu le sais, je le suis au fond. Je tremble en t'écrivant ça. De froid ? J'ai un pull... peut-être ; mais c'est l'intérieur qui tremble. Le ventre qui tremble, le cœur qui tremble. Je n'ai pas été vertueuse, je ne suis pas restée sur ma voie. Je me déteste et j'aurais compris que tu me détestes.
Mais j'ai compris que tu m'Aimes.

Yi oulï, je retrouve mon idéal de vertu, mon idéal de grand Amour, mon idéal de vérité, je le retrouve grâce à toi. Ce matin, j'ai pensé que tu es un homme pur. Amour, je serai aussi pure, belle et pure, magnifique dans notre Amour. Je porterai haut l'étendard de notre Amour, je le défendrai et je ferai tout pour le vivre à fond, le vivre dans la vérité, le vivre dans l'Amour.

Amour, aie confiance en moi. Je me retrouve, enfin. J'ai le sourire en pensant qu'enfin je serai Amina, Amina que mon père aimait. Amina, l'idéaliste.

L'idéal, Amour. J'en étais malade de devoir l'abandonner. L'idéal de l'Amour.

Amour, nous sommes aimés d'Allah. Ne ricane pas, ça me ferait mal. Allah est là et nous aime. Allah m'a aidé à réaliser que ce n'était pas Amina à Addis, Allah a permis que je puisse être avec toi. Allah est là. Amour, en retrouvant notre Amour, j'ai envie de retrouver ma foi, de partager ma foi avec toi. J'ai envie de faire mes prières, de les faire avec toi. J'ai envie de comprendre ma religion, de la partager avec toi. Amour, je t'Aime. J'ai envie de t'apprendre ma langue. J'ai envie de te faire connaître mon pays. J'ai envie de te présenter ma famille. Amour, j'ai envie d'aimer ta maman, de m'entendre avec ta sœur. J'ai envie que tu partages avec moi Sénèque, j'ai envie de te rejoindre dans ta vie, dans tes rêves.

Amour, faire un véritable mariage, être dans une véritable union. Toi et moi, Amour. Toi et moi, pour la vie. Ici et dans l'au-delà. Non, je n'aurais pas d'autres amours après ta mort. Comment vivre des amours artificiels après avoir connu l'Amour Absolu ?
Amour, véritablement Amour Absolu.
Je t'Aime Amour.
Yi Oulï, pour la vie, toujours, avec la bénédiction d'Allah.

Je t'Aime Amour, tu viens, je t'attends.

Ta Femme.

[...Maintenant, je te déteste Amina. Tu es le mensonge, l'hypocrisie, la mesquinerie. Ta vertu n'est qu'un maquillage. Cette lettre pue le simulacre, comme celle de la demande en mariage à ton amimour... Elle te permettait de recouvrir d'un vide lyrisme tes trahisons, ton incapacité à exprimer la réalité de ton cœur. Tu as triché et tu t'es prise les pieds dans tes tentatives de récupérer ces mensonges en avouant le minimum pardonnable. Pour essayer de berner Carlo, Bertrand, Philippe comme moi, tu as utilisé la même technique : croyez-moi car je suis musulmane mais nous t'avons observée et tu n'es qu'une tricheuse. Tu triches avec ta vie, donc tu triches avec l'amour. Nous avons tous traversé des périodes de plus ou moins petits mensonges mais la différence entre toi et moi, c'est que jamais je ne me suis prévalu de vouloir montrer la grande voie divine... Deux choix seulement restaient à une femme digne n'ayant pu éviter "la nuit" en septembre 2009 : déposer plainte pour viol contre l'homme toujours officiellement son mari ou me quitter ; elle a choisi le mensonge. Ce jour-là, elle s'est enduite d'une indélébile peinture.]

Le 23 juin à 4 heures 55

Amour,
Amour. Voilà, tu sais tout. Je n'ai pas envie de me justifier, c'est injustifiable. Voilà.
Je t'Aime. Crois en moi. Même si c'est difficile, même si tu n'y crois plus, parce que notre Amour est là, parce que notre lien est magique, parce que je suis au fond celle que tu as Aimé, celle en qui tu as cru, parce que notre bonheur est possible.
Mon Amour, ne me rejette pas, prends ma main, je serai digne de toi. Mon Amour, toi et moi pour la vie. Je t'Aime tant mon Amour. Oui je t'Aime mieux, je t'Aime sans parasite, je t'Aime d'un Amour Absolu maintenant. Comme en 2008. Cet Amour Absolu que je me suis acharnée à détruire en moi. Il est là, de nouveau, plus magique car pur de tout parasite. Je t'ai dit que je retrouve ma dignité, c'est vrai.
J'ai l'impression de retrouver celle que ce connard de P. a souillée. Je ne suis pas sortie indemne de cette histoire, je me retrouve maintenant.
Tu es ma lumière maintenant, mon soleil. Je t'Aime Amour.
Tu sais tout maintenant. Si tu veux, construisons l'avenir. Je suis belle Amour, belle de l'intérieur. C'est vrai. Crois en cette beauté mon Amour, crois en moi.
Nous serons heureux mon Amour. Nous serons magnifiques. Nous vivrons dans notre rêve.

Amour, regarde avec moi notre rêve, regarde avec moi l'avenir. Crois en moi, Amour. Crois en nous.

Amour, ma vie, mon âme, ma plus belle part de moi, je te donne ma vie. Je t'Aime yi oulï, je t'Aime. Souris-moi Amour, et engageons-nous dans le bonheur.

Amour, je te donne ma vie. Je suis à toi, pour la vie. Je peux faire ce sermon parce que je te fais confiance.

À l'image de ce jour qui se lève sur une nouvelle journée après cette nuit de pleurs, je voudrais que notre Amour se lève sur un avenir radieux après cette année de malheur et ce passé de malheur. Oui ce passé. Tout mon passé.

Je fais la paix avec mon père, je suis prête à être heureuse avec un autre homme. T'aimer n'est pas le trahir, je sais. Amour, pardon pour mon manque de confiance. Pardon pour ma lâcheté, pardon mon AMour.

Yinti, ma vie, mon tout. Nous serons heureux ensemble si tu me pardonnes. Je serai ta Femme, ton Amour, ton tout. J'emploierai ma vie à t'Aimer, à te rendre heureux, à te rendre fier de moi. Mon Amour, notre enfant à nous témoignera de notre Amour.

Je t'Aime mon Amour. Ne me quitte pas, donne-moi une chance, la chance de pouvoir être moi enfin. La chance de pouvoir vivre l'Amour Absolu. La chance de vivre dignement et sereinement. La chance de vieillir avec toi. La chance d'être heureuse avec toi.

Je t'Aime mon Amour.

Ton Amour

Cette nuit-là, elle avait finalement avoué l'autre, "le mari" avant l'étalon italien, quasiment dès son arrivée à Addis en septembre 2009, sans qu'elle ait voulu se chercher l'excuse de son évanouissement après son intoxication au monoxyde de carbone.

Relecture bien différente des précédentes : cette femme ne m'est vraiment plus rien. Oui, nous avions presque trouvé le point d'équilibre avec mon accord de prétendre à sa famille être musulman mais sa mère a souhaité un mariage "traditionnel", ma signature de papiers de conversion pour les envoyer à Djibouti où ils nous marieraient, nous

marieraient s'entend religieusement, notre présence n'étant même pas indispensable…

LVIII Retour Amina

Elle est rentrée en taxi. Sans un mot, elle est partie se coucher. Après un rapide passage dans la salle de bains, elle est allée se coucher dans notre chambre ! Quand je l'ai vue, la pensée "elle vient reprendre ses affaires, va dormir dans le canapé ou la chambre de son fils" s'imposa. Mais elle est entrée dans notre chambre ! J'ai vidé la bouteille de Cointreau. Il n'en restait qu'un fond. Et je suis retourné devant l'ordinateur, j'ai repris son premier grand mail, du 24 juillet 2008, intitulé « Je t'en prie, sous le sceau de la confidence. »

« Bonjour Stéphane,

J'ai un peu visité les sites et lu ton concept de sérénamour et je m'y retrouve globalement.
C'est donc le sérénamour que je cherche depuis tant d'années ! Il suffisait juste que quelqu'un y mette un mot. Que je cherche, façon de parler car je ne cherche pas vraiment, je pense avoir trouvé mon âme sœur, seulement, je ne peux pas vivre le sérénamour avec lui.
Te raconter ma malheureuse rencontre ?
Oui j'en ai envie. J'ai vraiment envie de discuter de l'Amour avec toi. J'ai l'impression que tu peux me comprendre.
Un jour, mon regard a croisé celui d'un homme, un inconnu. Je l'ai trouvé... rien... Juste mon regard était attiré. Il fallait que je le regarde et que je lui trouve des défauts. Trop élégant, trop d'assurance, il rit trop fort... Non, vraiment pas mon genre... Mais pourtant, je le regarde. Me regarde-t-il lui ? Je ne sais pas, je ne crois pas que cela m'intéresse. Mon cœur ne bat pas plus que d'habitude, je ne suis pas particulièrement émue mais quelque chose me pousse vers lui. Je suis calme, sereine, je ne pense à rien de particulier... On finit de manger le petit-déjeuner, il faut aller à notre formation. Je me lève de table, il quitte la table d'en face qu'il occupait avec sa belle-sœur, on échange quelques mots à trois, sur la future formation, sur sa femme que j'ai déjà rencontrée à Djibouti, mon pays, sur Koweït, ville de notre stage, sur

mon mari que sa belle-sœur a rencontré lors des corrections du bac aux émirats...

On échange, on s'étonne du circuit fermé des profs expatriés et du hasard des rencontres, on rit. Mais je sais que depuis cette minute, mon cœur est attaché à lui. Prise de conscience de cet Amour... mais quoi ? pourquoi ? comment ? Je suis mariée, j'ai un fils. Il est marié, il a deux enfants. Et puis nous habitons si loin l'un de l'autre... et lui ?

Pourquoi cette envie de pleurer ? Cette envie de mourir ? Mais je l'aime, je me répète en boucle, je l'aime. Cette certitude qui s'empare de moi, cette envie folle d'être dans ses bras, juste dans ses bras, y passer la nuit et puis oublier... oublier quoi ? ton fils ? ton mari ? sa famille ? Je ne sais pas au fait, tout ce que je sais, c'est que je l'aime... Je sors juste de ma chambre, je vais dans le hall en espérant juste qu'il vienne et qu'on se retrouve là... et nous avons passé la nuit ensemble. L'attirance irrésistible, ces 4 jours, l'amour impossible entre nous, sa famille, la mienne, l'impossibilité tout simplement. C'est l'heure de partir, je lui donne un baiser, un simple et chaste baiser qui me chavire, je suis déjà dans le taxi. Il se penche, me dit merci pour ce baiser, je murmure : un autre et je reprends ses lèvres. Il faut partir, tout est fini...

Décrire mon état ? Les jambes qui se dérobent, le cœur qui chavire, le ventre traversé d'éclairs, les yeux embués et...

Après, on a repris contact, on s'est aimés de loin, on s'est déchirés, c'était beau, c'était moche. Cela a duré plus de deux ans. Je me sépare de mon mari, lui reste avec sa femme pour ses enfants et a préféré couper tout contact avec moi. On a refait l'amour, juste une fois. C'était la plénitude. Il me manque, je me demande s'il ne vaut pas mieux mourir que de vivre une vie vide d'amour car je sais maintenant que j'aimerai si médiocrement un autre.

Mais je ne l'appelle pas. Je le laisse à sa vie car comme tu dis : je préfère l'attendre que d'être sa maîtresse mais il ne veut même pas que je l'attende, il ne veut pas être mon ami, il veut juste que je l'oublie. Je lui ai expliqué que cela n'est pas possible mais il croit que je dois et peux l'oublier. Arracher dans le vif dit-il, vivre son destin... c'est sa femme son destin, ses enfants, moi je ne suis rien... rien que l'amour mais l'amour n'est pas la priorité dit-il. Pour moi, si. C'est la seule raison qui vaut la peine d'être vécue : vivre simplement son amour, dans la sérénité, dans la joie... Je me sépare de mon mari parce que je sais qu'on ne peut vivre lui et moi dans la séranamour, on peut vivre dans une tendresse teintée d'indifférence mais certes pas dans la sérénamour. Alors, je divorce, à l'amiable, dans la sérénité.

Tu veux que je te raconte mon quotidien mais mon quotidien c'est juste un combat contre la tristesse. Continuer à aller de l'avant, sourire, rire, vivre, pour mon fils. J'ai un devoir envers lui, celui de lui offrir ma tendresse, mon sourire, ma présence... Celui de ne pas le priver de son enfance, celui d'être là pour lui, celui de remplir mon rôle de mère. Je n'ai pas le droit de me laisser aller, je vis donc pour lui et avec le sourire. Je me suis inscrite à ce site de rencontres pour ne pas me refermer complètement sur moi-même, pour ne pas fermer toutes les portes... Il y a beaucoup d'hommes, tu vas pas sombrer à cause d'un seul, si peu courageux : c'est ce que j'essaie de me dire... Cela marche-t-il ? Juste quand je suis très en colère contre lui. Sinon, je sais que c'est lui que j'aime et je trouve si triste de devoir l'oublier... Pourquoi devoir ? On pouvait pas sauvegarder cet Amour, même de loin, juste parce qu'il est là ? Pourquoi m'imposer cette souffrance ? Il l'a fait... Ça va faire 6 mois maintenant que je n'ai aucune nouvelle de lui.

Voilà je t'ai raconté ma petite histoire. Aurais-je été plus heureuse de ne pas l'avoir rencontré ? Je suis tentée de le penser parfois mais alors je pense à la même phrase que tu as citée : "j'ai souffert souvent, je me suis trompé quelquefois, mais j'ai aimé. C'est moi qui ai vécu, et non pas un être factice créé par mon orgueil et mon ennui".

Et toi, raconte-moi aussi, ton quotidien, tes expériences d'amours ou d'Amour etc.

À bientôt

Amina »

Après ce mail, elle passa de la troisième à la cinquième position dans ma liste des "femmes possibles." Mayline restait "naturellement" en tête, elle m'avait simplement mis "en pause", trop accaparée par sa procédure de divorce, la cohabitation dans la maison qu'ils devaient vendre...

Pourtant, c'est avec elle que la première rencontre fut parfaite, douce. J'arrivais avec une heure de retard à la gare de Brive mais elle m'y attendait encore, souriante et nous quittâmes la ville pour sa campagne, sans la moindre remontrance, avec des gestes tendres. Parler, marcher, s'embrasser, se caresser, envie de faire l'amour... Ce que l'on fit à l'hôtel la semaine suivante.
« C'est merveilleux, je t'aime, tu m'as sauvé la vie... je peux te parler de ce Philippe en souriant, il ne compte plus du tout pour moi, j'étais stupide... » Plusieurs fois, durant le premier mois, je lui demandais "Me trahiras-tu également ?" À chaque fois elle m'apporta la réponse espérée...

Finalement, vers minuit, elle dormait. Ou simulait très bien. Elle devait néanmoins s'être effondrée de fatigue. Je me suis masturbé en pensant à Fanny. C'est toujours à elle que "je m'adresse" dans les situations les plus pénibles. Fanny plus Cointreau, le meilleur cocktail pour trouver le sommeil ! À mon réveil, il faisait jour. Je me suis reproché de ne pas m'être couché dans le canapé. Mais le ronronnement du frigo m'est insupportable...

LIX L'incroyable... ou presque

Le plus incroyable, sûrement, dans tout cela, c'est que nous ayons de nouveau eu des relations sexuelles. La nuit suivante, après une journée de silence, où chacun dans son coin grignota pour éviter un repas en commun, je me suis couché. J'ai fermé la porte. Croyais-je vraiment que cela la stopperait ? Elle est venue un quart d'heure plus tard. Elle a posé son pied contre ma jambe. Je ne me suis pas poussé. Elle m'a fait une fellation. Ce qui n'était plus arrivé depuis des mois sans demande. Je me suis endormi ensuite, ne voulant surtout pas penser, encore moins parler. Le matin, elle était nue contre moi et elle prit l'initiative, m'attira en elle.

Certes, elle a attendu en vain un « je t'aime » mais ne m'en fit aucun reproche. Je me laissais faire, sans parler. Elle me croyait triste de cette nouvelle découverte. Je n'avais aucune envie de la questionner, sur quoique ce soit. Nadège occupait toutes mes pensées : elle m'a également manipulé ; j'enrageais ; depuis le premier jour où j'adorais penser « je n'attends rien d'elle, juste du plaisir. » C'était déjà faux : j'attendais qu'elle me donne la force de quitter cette Amina.

Elle s'est levée, douchée et elle est partie travailler à 10 heures 15. Ses cours débutaient à 9 heures, le lundi. Je me suis levé en pensant trouver un mot sur la table. Je le redoutais. Il n'y en avait pas. Le soir elle est restée dans sa chambrette. Mais le mardi à 17 heures 20 elle arrivait. Je ne me suis pas retourné... Elle semble être immédiatement descendue au congélateur, chercher un poulet. Quand il fut prêt, j'étais toujours rivé devant l'ordinateur. Elle m'a appelé. Sans exagération, juste un timide « c'est prêt. » Elle m'avait acheté une tropézienne.

Je luttais. Je ne voulais pas me laisser de nouveau entraîner. Elle essayait d'être tendre, sans ostentation. Je pensais : je l'ai prise pour ce qu'elle n'était pas mais au moment de la laisser pour ce qu'elle est, tout mon être s'est attaché à son corps. J'ai aimé ce qu'elle aurait pu être, donc son corps réel et son esprit dégagé des conditionnements. Ai-je cru pouvoir la sortir de son terrible endoctrinement ? Oui, sûrement. Parfois j'y ai cru « si nous avons un enfant, elle changera » mais le même genre de pensées devait trotter dans sa tête « si nous avons un enfant, il se convertira. » Elle a voulu me changer, j'ai voulu la changer, nous avons échoué.

Une nouvelle fois, je repassais en accéléré des échanges :
- J'accepte que tu sois musulmane, alors accepte que je sois comme je suis, sans vouloir me changer.
- C'est pour ton bien que je veux que tu sois musulman. Tu verras, tu te sentiras nettement mieux. Ce que tu ne veux pas comprendre c'est que je suis musulmane donc je n'ai pas le droit de vivre avec toi.
- Tu vis avec moi et tout irait bien si tu te consacrais à notre couple.
Je comprenais sa position. Mais je ne voyais aucune issue. Sauf qu'elle prenne conscience que rien ne l'obligeait à suivre ces principes. Elle était venue vivre avec moi sans que je lui fasse miroiter une conversion... Toujours les mêmes pensées…

Je réalisais ce jour-là n'avoir jamais confié à personne « je l'aime », ni à l'écrit, ni à l'oral. « Il y a des choses très fortes entre nous », oui. Prétendre à quelqu'un, lui écrire « je t'aime » est une chose mais ne jamais confier « je l'aime » à ses proches témoigne sûrement d'un profond problème. Puis tout a recommencé, ses efforts se sont espacés, étiolés, les disputes réapparurent. Je croyais ne plus en avoir la force. Et pourtant tout a recommencé...

LX Fin d'un couple atypique

Elle rentrait d'une semaine à Bordeaux, fin juillet-début août, chez sa grande copine Kagera. Elle voulait que son fils connaisse très bien ses enfants, qu'il devait considérer comme ses cousines. Après des mois de vie de couple décomposée par sa chambrette de Prayssac, ces grandes vacances ne nous permettaient pas de véritables retrouvailles mais son fils revenait avec nous, ce qui annonçait une année où je devrais le conduire au foot, à la piscine, être à leur service... Là, il était reparti un mois "au chalet" avec son père.

- Il y a des couples qui vivent comme ça durant des années, parce qu'ils ont un problème, et nous on a un problème et je ne me sens pas obligée de faire l'amour si je n'en ai pas envie.

Elle devait, en ce mois d'août, repartir une semaine, en Avignon, chez son grand ami homosexuel Pascal, son prof préféré à Djibouti, alors aimé « en secret ».
« Maintenant qu'elle apprécie la sodomie, elle va lui proposer... ? » Ma confiance en elle en était au point qu'une telle question me traversa l'esprit.

Une nouvelle organisation se mettait en place : nous nous verrions peu durant les périodes scolaires où son fils nous servirait de réducteur des scènes et durant les vacances, quand son fils séjournerait avec son père, elle partirait fréquemment chez "des amis." Nous n'en avions "naturellement" pas discuté. C'était ainsi. Elle agissait donc avec moi comme avec le Bertrand, qui se mettait parfois en colère quand elle lui annonçait un matin son départ pour quinze jours chez Kagera. « Je n'ai jamais vu l'utilité de lui en parler avant puisque j'avais envie d'y aller. Je n'allais quand même pas lui demander l'autorisation. » C'est ce qu'elle me raconta en 2008. Je lui avais précisé que ce n'était pas conception du couple... et elle m'expliqua avoir toujours décidé et les autres devaient suivre ou tant pis pour eux. Nous avions réabordé ce point en juin 2010 et elle fut d'accord : partout où elle irait ce serait avec moi, nous formerions un couple fusionnel. Nous ne formerions plus jamais un couple fusionnel. À force de retourner tout cela dans ma tête, j'ai fini par hurler :

- Tu changes de comportement ou tu pars !
- Je n'ai pas à changer de comportement.
- Tu m'avais promis de ne jamais aller ailleurs sans moi.
- Tu ne veux aller nulle part, avec tes bêtes, ta peur du soleil, ta peau plus fragile que celle d'un bébé. De toute manière, tu n'aimes pas mes amis.
- Tu m'avais promis de ne jamais retourner dans un restaurant avec un homme, même Pascal tu avais ajouté.
- Tu es vraiment jaloux.
- J'ai des raisons d'écouter mes cauchemars.
- Tu as eu des cauchemars ?
- Comme si tu ne le savais pas ! Quand je me lève à trois heures du matin, que je vais dans la salle de bains, que je vais dans le salon durant une heure, que fais- tu ?
- J'essaye de me rendormir car tu as tout fait pour me réveiller.
- Tu changes de comportement, tu es vraiment dans notre couple, tu te comportes amoureusement, tu me montres de l'amour…
- Comment veux-tu que je te montre de l'amour alors que ça ne va pas entre nous, qu'il y a un problème.
- Alors tu pars ! Dégage !
- Très bien.

C'était le 7 août 2012. Elle est partie le 19. Notre mariage fut programmé au 20 août 2011 mais retardé car sa chère Kagera jura ne pas pouvoir y assister, pour cause de vacances réservées !... Kagera pour qui Patrick s'est converti : jamais elle n'a accepté que « son amie » vive dans le haram, comme elles prophétisent.

Ai-je simplement couru après cette semaine d'octobre 2008 où nous avons passé de « merveilleuses vacances faites de complicités et frénétiques unions » ? Elle a brisé le possible, le merveilleux, avec son exigence. Aimer, je l'ai toujours conçu comme accepter l'autre, même dans ses défauts. Elle a voulu me métamorphoser en mouton. En la regardant partir, j'ai souri en pensant « Il ne faut jamais accepter de devenir un mouton. Encore plus avec une femme musulmane. » Et j'ai repensé à septembre 2009 où du même endroit je l'avais observée, cette fois-là partant avec Kagera, et un bras d'honneur a fusé, ponctué d'un simple *« bon débarras. »*

LXI Pablo

Pablo s'est suicidé.

Son père déclare sur sa page facebook (seul message en français, ce qui explique sûrement son absence d'échos) : « *La justice française refusait de l'écouter. A cause erreur judiciaire mon fils est suicidé. Je consacrerai toute énergie, toute fortune et temps, à faire condamner cet état indigne d'une nation Europe unie. Durant mes années au service de union européenne, j'ai essayé porter en Afrique nos valeurs et c'est France trahit tout ce en quoi j'ai croire, justice, présomption innocence. Une femme, vulgaire prostituée, elle également derrière les barreaux, a fait croire fils coupable pour s'innocenter et justice suivi elle cette version. La France a déjà condamnée par union européenne. Je crois s'agit nouveau affaire très grave où nationalité mon fils contre lui.* »

Je me suis retenu de balancer en commentaire : « ta gueule connard, tes principes je les connais et ton fils, la justice l'a écouté, l'a même placé devant les preuves irréfutables de son ADN dans une bétonnière... » Mais non, je ne dois pas me disperser, je dois continuer d'écrire. Son fils est mort de l'application de ses idées, d'absence de tout scrupule face aux désirs. Il voulait le cul de la fille et le fric du mec, il a liquidé le mec.

Maintenant qu'il séjourne en France, Amina va se précipiter le consoler ? Elle lui trouvait des airs de Cantona mais c'est au DSK par terre qu'il ressemble, ce vieux. Malgré ce témoignage sur sa page facebook, rien, pas une ligne dans les médias. Aucun correspondant de l'AFP du côté d'Agen ? Les fins limiers de la *Dépêche du Midi* croulent sous les dossiers ?

LXII Submergée et réalité

Carlo en détention préventive pour « viol aggravé » sur mineure, je n'ai pas pu m'empêcher de l'écrire à Amina. Lui ajoutant « tu étais très fière d'avoir été submergée. Tu n'étais donc qu'un cas ordinaire de petite victime qui écarte les jambes après l'absorption d'une petite pilule. Il t'avait fait un de ces effets ! Après, certes, tu y es retournée très consentante. Finalement, il n'y a que celui que tu m'avais caché qui t'a baisée avec juste un peu de cinéma. Ton ancien mari avait déjà su profiter de ta convalescence après ton malaise au monoxyde de carbone. Tu as rêvé de grands amants pour me tromper et tu n'as trouvé que des mâles alléchés par la partie non musulmane de ton anatomie. Tu me dégoûtes. Tu n'es qu'une tricheuse qui retournera auprès de son ancien zozo par sécurité financière. Mais avant, note sur meetic que tu as l'irrité consolateur, tu trouveras sûrement des clients. »

Finalement, elle a récolté ce que sa mère lui promettait en se collant constamment aux hommes, "amicalement". Quand tu veux trop séduire il faut parfois donner de ton corps même si le plaisir reste limité.

LXIII La lettre de Pablo

Pablo a laissé une lettre à son père, qu'il ignorait sûrement avant de réagir.
Elle peut être considérée comme un aveu. Une lettre qui va placer ce Carlo devant ses actes...

Je ne l'ai pas lue... mais toujours les confidences de l'inspecteur :

- ...Les femmes doivent être utilisées pour ce qu'elles sont mais il faut leur en dire le moins possible. J'ai été élevé avec ce genre de déclarations et tu dois être satisfait d'avoir toujours réussi à profiter d'elles sans rien leur donner finalement. Je paye pour tout ce que tu as consommé. Mais laquelle as-tu rendue heureuse ? Ce ne fut jamais ton but. Même pour ma pauvre mère qui a fini par mourir de chagrin à cause de tes maîtresses. Et elle ne savait pas tout. Oui, les femmes ne comprennent rien, trahissent systématiquement. Ton Amina s'est même jetée dans mes bras dès que tu l'as laissée une heure dans l'appartement. Tu trouverais sûrement que j'ai eu raison d'en profiter. Les hommes doivent prendre leur plaisir dès qu'ils le peuvent en utilisant tes petites fioles si nécessaire. Quand j'avais dix ans, je te regardais par la serrure ajouter quelques gouttes dans le verre de jus d'orange que tu portais ensuite à Nadège. Tu aimais la violer en douceur et tu m'en as donné les restes. Je sais, tu n'as jamais violé personne, même mes cousines, elles furent toutes consentantes. Comme je suis consentant pour en finir. Tout simplement car je n'en peux plus de vivre dans un monde où je suis ton fils.

En l'inspecteur un « tous coupables » s'est allumé ? Nul n'est totalement innocent : il suffit de trouver le motif de condamnation pour chacun. Il a « *naturellement et sans pression* » questionné Amina, qui lui aurait simplement précisé « *je n'ai rien à vous apprendre, je n'ai vu qu'une fois le fils et avec le père nous n'avons plus le moindre contact depuis mai 2010. Tous les échanges que vous pourriez retrouver entre une adresse mail à laquelle je n'ai plus accès et celle de Carlo, il s'agit d'une usurpation d'identité par mon ancien compagnon qui a ainsi obtenu les échanges que j'avais eus avec Carlo quand nous avons vécu une grande mais brève histoire d'amour en février, mars et avril 2010. »* J'ai eu l'ironie d'ajouter : « je suppose qu'elle a conclu par un 'vous savez tout'. » Ce fut le cas. Je notais la présence de février dans leur amimourage.

LXIV Nadège plaidera l'innocence

Oui, Pablo était venu la rejoindre, oui elle le cachait dans le grenier car il s'était imposé. Elle le voyait le moins possible. Oui, elle s'est absentée durant l'après-midi...

Nadège plaidera l'innocence mais sa demande de liberté conditionnelle a été refusée.

LXV 44 ans

J'ai quarante-quatre ans et je suis seul. Alors que le 27 octobre 1990 fut sûrement le plus beau, le plus tendre, de mes anniversaires. J'avais vingt-deux ans et nous nous aimions, nous projetions dans un avenir radieux... "Nous étions jeunes et insouciants..." Je ne t'ai pas oubliée... Il me semble même que tout cela se passait hier, qu'Amina est bien plus éloignée que toi dans mes souvenirs. J'ai quarante-quatre ans et je suis seul. Nous nous étions séparés pour si peu, presque rien, vu d'aujourd'hui. En sachant tout ce que j'ai accepté durant ces quatre années...

Mais finalement, qui a compris mon besoin littéraire ? Qui comprend cette quête d'une œuvre quand je pourrais facilement "faire comme les autres", obtenir un travail historiquement inutile mais correctement rémunéré. Un écrivain est condamné à la solitude ? Pas un écrivain pantin qui paye des coups aux journalistes pour se faire remarquer mais un écrivain indépendant.
Suis-je écrivain ? Je ne m'en sors pas avec cette histoire de Kader ! Pourtant, là, je peux foncer, tout reprendre, l'essentiel est passé. Que Nadège soit ou non condamnée n'y changera pas grand chose...

LXVI Publier ?

Je ne sais plus. Suis-je l'écrivain ou l'acteur de cette affaire ?

Puis-je publier ?

Pourquoi publier ? Parce que j'ai besoin de vendre des livres et qu'il s'agit du seul "roman" en mesure d'être rapidement terminé.

Pour oublier cette histoire. Deux femmes ont eu besoin d'un homme à un moment donné et je correspondais au profil. Elles m'ont utilisé, j'y ai pris du plaisir. Mais j'ai eu tort de croire que le baratin entourant ces relations engageait à quoi que ce soit. Il s'agissait juste de rendre possible l'instant. Amina m'a toujours su athée. Je ne lui ai jamais caché ma difficulté à comprendre que des adultes puissent "réellement" et idéalement croire en un Dieu. Mais jamais je ne lui ai demandé de cesser d'y croire. Je sais qu'il est insupportable de s'accepter mortel. Je le refuse, j'en suis indigné. Je comprends donc qu'on puisse se persuader que l'immortalité souhaitée est une réalité, que notre corps n'est que l'habit donné pour cette vie et qu'ensuite tout le monde vivra le nirvana des âmes et retrouvera le père mort à trente-cinq ans. J'ai accepté cette histoire avec Amina. J'ai cru en notre intelligence, notre capacité à préférer le bonheur. Jusqu'en avril 2010. Oui il me faut bien rendre hommage à mes cauchemars : ils m'avaient informé de tout, dès septembre 2009.

En observant cette histoire au prisme de ces cauchemars, je dois en conclure qu'Amina est réellement retournée à Addis-Abeba "pour son fils", entraînée par le Bertrand encore son mari, qui lui déclara sa décision irrévocable de repartir avec leur fils, qu'elle pouvait rester en France ou venir avec eux mais que leur fils vivrait avec lui durant l'année scolaire 2009-2010. Elle a cru ne pas avoir le choix. Alors qu'elle pouvait demander le divorce immédiatement, ce qui aurait bloqué en France leur enfant. Mais il la tenait par "son agent." Auquel même mariée elle pensait ne pas pouvoir toucher sans son accord, surtout pour en envoyer à sa mère...

Et je suis persuadé qu'elle n'a jamais voulu coucher avec lui : il a su profiter de l'opportunité de son état second suite à son intoxication au monoxyde de carbone quasiment non soignée bien qu'elle perdit connaissance. Je ne pense pas qu'il soit allé jusqu'à provoquer cet accident, il a simplement immédiatement compris qu'il pouvait jouer sur sa naïveté, sa bonté pour pleurer sur ses propres malheurs alors qu'elle planait. Mais elle n'a pas pu l'accuser de viol, comme elle n'a pas pu m'avouer cette faute, avec la certitude que j'exigerais son retour en France, en sachant qu'elle me comprendrait et devrait se séparer de son fils. Et tout s'est enchaîné. Avec le résultat de son test Vih, elle se sentait très mal et s'est laissée séduire par ce beau parleur de Carlo... il cherchait une femme jeune et jolie, il a d'abord essayé une blonde... elle l'avait observé... il fut éconduit et s'est rabattu sur la négresse... ce fut l'une de leurs petites tensions de début d'aventure... Toutes ces perturbations que l'on s'est envoyées de septembre à décembre ont totalement gâché nos retrouvailles fin 2009 et une nouvelle fois tout s'est enchaîné... encore plus loin... jusqu'au jour où elle s'est aperçue qu'enfin cette année scolaire s'achevait et qu'elle m'aimait vraiment... et elle est arrivée le 14 avril 2010 en ayant "tout oublié" mais le risque du Vih existait et oui, s'il n'y avait eu qu'elle, elle s'en foutait mais elle ne voulait pas risquer de me contaminer... Donc elle devait se confesser... ce fut le moins possible... elle a voulu me consoler... elle a même occulté cette interdiction de vivre avec un non musulman, cette interdiction de la sodomie... mais tout ce qu'elle avait fait, je l'avais ressenti et quand elle me jurait « tu sais tout », même sur son père, même sur le Coran, je ressentais que non, ça ne correspondait pas aux sensations en moi.

Pourquoi et comment un tel lien a pu exister, une telle transmission émotionnelle ? Ça restera un mystère. Un tel lien est possible entre des humains. Ceux qui ne l'ont jamais vécu ne peuvent le comprendre. C'était ça, l'union physique et spirituelle que je cherchais. J'étais persuadé que c'était possible, pas à ce point mais possible, alors je l'ai cherché, je l'ai trouvé. Si Nadège l'avait voulu, nous l'aurions probablement également connu. Ce que nous avons vécu en dix-neuf jours me l'a laissé entrevoir. Suis-je arrivé, après deux décennies de difficultés avec mon corps, souvent victime de ses émotions, à atteindre une capacité de fusion ?

Je sais maintenant qu'il n'y a plus rien avec Amina. La corde qui fut trop tendue s'est brisée. Et elle me semble disparue, dans un passé intemporel. Elle ne me semble pas plus proche que Betty, cet amour "presque secret" de mes quatorze ans. Un passé intemporel ? J'ai cherché sur Internet cette expression présente dans ma tête depuis plusieurs jours mais personne n'en parle. Le passé intemporel : on nous fait croire qu'il faut dater nos souvenirs. Betty 1982-1984. Angélique 1989-1991. Amina 2008-2012. Mais non : le passé n'a pas de date, comme je n'ai pas d'âge ! Les onze années de différence avec Amina comme les vingt-trois avec Nadège n'ont jamais existé quand nous étions ensemble. Le temps n'existe pas. Je peux même avoir l'impression d'avoir connu Amina plus âgée que Betty ! La pensée éveillée, c'est comme le rêve : nous passons d'une époque à l'autre sans transition, sans barrières temporelles ni physiques. Penser à Betty, c'est l'impression que notre non-histoire est plus récente que cette dérive avec Amina. Non, je ne suis pas fou. De la même manière que j'ai découvert avec elle la possibilité d'une fusion transmission des émotions, je viens de découvrir avec son départ l'intemporalité du passé. La vie n'est pas limitée de la manière dont on nous l'a inculquée. Nous devons découvrir nos capacités. J'ignore si tout le monde possède les mêmes. J'ignore si je suis arrivé au bout du voyage. Mais je sais que certaines choses humaines ne peuvent se vivre seul. L'être humain a besoin d'une fusion pour éveiller certaines capacités. Il doit en exister d'autres. La vie ne mérite pas d'être perdue en combats inutiles. Je sais bien que de consacrer du temps à

Malvy, Baylet, Cahuzac ou Filippetti c'est m'intéresser aux ombres de la caverne de Platon. Ces gens-là ont choisi, accepté, de n'être que des ombres. Elles peuvent effectivement susciter l'enthousiasme d'électeurs qui les prennent pour la réalité.

Publier pour demander : connaissez-vous l'intemporalité du passé, connaissez-vous l'union physique et spirituelle jusqu'à la transmission des émotions ?

LXVII L'enfant de Nadège

Des dates restent incrustées même après les avoir "désidéalisées."

1er décembre 2012 : Nadège a accouché d'un garçon. L'inspecteur me l'apprit de manière anodine. Ou alors, quel exceptionnel acteur ! Il n'eut pas l'air d'observer mes réactions. Pourtant, après quelques minutes (bon acteur sûrement !) il me glissa :
- Vous vous demandez si votre nuit pourrait coïncider avec la conception ?...
- Je viens de compter ! Début avril, plus neuf mois, ça entraînait à début janvier. Elle était donc déjà enceinte d'un mois !
- Peut-être pas... la grossesse c'est plutôt trente-sept semaines que neuf mois !
- Ce n'est pas la même chose ?
- neuf mois c'est trente-neuf semaines !
- Il ne manquerait plus que cela ! Je suppose que vous avez compté.
- Le 4 avril, c'est pas tout à fait trente-cinq semaines avant le 1er décembre... et l'enfant ne semble pas être un prématuré...
- Ouf !
Mais si le 4 avril ce n'est pas tout à fait trente-cinq semaines, en reculant de dix-neuf jours on tombe pile sur les trente-sept semaines observait immédiatement mon esprit alors que j'essayais de ne rien en montrer...

Donc elle ne prenait plus la pilule et a souhaité que je puisse être le père de cet enfant !
Elle savait pourtant qu'officiellement il serait celui de son mari !

Trente-sept semaines jour pour jour après notre dimanche en gariotte !
Il semble maintenant évident qu'elle n'a eu aucune relation avec ce Pablo à cette période... si l'enfant est bien

né trente-sept semaines après sa conception. Mais s'il s'agit d'un prématuré...

Puis-je continuer d'écrire avant de savoir ? Puis-je publier ?

Qu'y avait-il dans sa tête quand elle m'aimait bien mieux qu'Amina ? Cherchait-elle le moyen de sortir des griffes de ses bourreaux. Etions-nous les êtres purs qui se sont reconnus mais ne peuvent se voir qu'en secret ? Ce fut tellement difficile de me débarrasser d'Amina, pourtant minable, mesquine et insignifiante petite manipulatrice, qu'il me faut comprendre ses difficultés face à ces monstres sans scrupule ?

Vais-je tomber dans l'idéalisation de Nadège, victime du trio des salauds depuis ses dix ans ?

- Etait-elle vraiment votre amante ? J'attends cette question. Elle ne vient pas. Ma réponse est prête :
- Oui, elle le fut durant dix-neuf jours. Elle savait que le mec avec qui Amina m'avait cocufié était le père de Pablo, un certain Carlo qui la viola quand elle avait dix ans. Comme vous le savez désormais. Cette histoire nous a rapprochés et ce qui devait sûrement arriver arriva.

LXVIII La lettre de Nadège

Sa lettre a suivi une procédure « normale », elle fut donc lue avec attention... elle le savait... C'était donc à moi de comprendre les éventuels messages masqués.

Stéphane,

Je te remercie.

J'étais la prisonnière, quotidiennement droguée, et sans ton intervention, je serais aujourd'hui sûrement toujours dans cet état, quelque part en Afrique.

Si j'avais fui quand nous sommes allés à l'incinération, il aurait tué ma mère. Un de ses amis avait l'ordre de le faire s'il lui arrivait quelque chose. Quand les gendarmes nous ont arrêtés, j'ai immédiatement hurlé « protégez ma mère, un de ses amis va la tuer s'il apprend notre arrestation. » Je ne pouvais en articuler plus, j'étais complètement droguée mais ça, c'est sorti. Il a prétendu : « ne l'écoutez pas, elle se drogue, c'est une junkie. » Heureusement les gendarmes l'ont protégée.

Excuse-moi pour cette dernière rencontre : je ne pouvais rien te confier, j'avais deux portables allumés sur moi. Si je les éteignais il m'avait prévenu que je le paierais. C'est la dernière fois que l'on s'est vu, Stéphane. Je sais combien tu as respecté ma douleur.

Ce n'est donc pas par manque de confiance si je ne t'en ai pas dit plus. J'étais piégée. J'aurais sûrement dû t'écrire durant le trajet mais j'étais tellement droguée…

Je sais les cycles de la vie et j'ai espoir qu'après la reconnaissance de ma totale innocence, une belle période débutera au soleil. Je ne vivrai plus jamais dans la grisaille.

J'ai envie que mon enfant, né le 1er décembre et prénommé Romain, grandisse loin de ces barreaux et connaisse la vérité. La vérité je la lui dirai mais je voudrais qu'il grandisse protégé de la folie de ce monde.

Je pense que tu comprendras. J'ignore ce que tu as pu penser de moi. Si tu as pu me croire coupable. J'ignore tout de ce qui se dit sur moi.

Embrasse Amina, je pense que toute cette histoire l'a également remuée mais que vous restez dans votre grande harmonie.
Nadège

Romain !

Je me souvenais alors immédiatement d'avoir raconté à Nadège :
- Elle voulait que nous ayons un enfant... J'étais d'accord... Nous n'en parlons plus depuis quelques mois... Mais même pour le prénom, aucun terrain d'entente ne fut possible ! Hamed, Ali, Moussa, Mohamed, je devais choisir entre l'un de ces quatre prénoms, et Sarah pour une fille, le prénom de sa mère francisé... mais étymologiquement « princesse »... ce qui déclencha une terrible crise quand j'ai su qu'il l'appelait ainsi...
- Oui, devant elle. Pour nous c'était « la dinde musulmane. » Et toi, quel prénom tu aurais souhaité ?
- Pour une fille Romane, pour un garçon, je ne sais pas... mais assurément pas un prénom musulman...

Ce n'est donc pas un hasard si son (oh cette envie de penser notre...) fils se prénomme Romain !

Le cycle... il s'agit forcément du cycle menstruel et donc personne d'autre ne l'a pénétrée durant ses jours d'ovulation ?
Quant à sa question sur Amina, elle sait bien qu'harmonie ne pouvait qualifier notre couple mais elle ignore forcément notre séparation...

LXIX Lettre à Nadège

Nadège,

C'est compliqué, la vie, souvent. On croit, on espère, on attend, on espère l'harmonie et rien, on se retrouve seul avec ses pensées qui voient le mal partout à force de subir des revers. Amina et moi, l'harmonie n'était qu'une façade. Seuls les intimes connaissaient notre naufrage. C'est fini depuis août.

Je me souviens très bien de ce voyage à Cahors où tu semblais très perturbée, je l'étais également il est vrai, mes mains ont souvent tremblé, ce fut difficile. Je comprenais que ce soit encore plus difficile pour toi. Mais jamais je n'aurais imaginé que tu puisses ainsi être surveillée. Je t'avoue ne pas avoir imaginé cela. Je t'avoue que la présence de cet individu à tes côtés m'a semblé très suspecte.

J'espère simplement que la vérité sera rapidement connue. Parfois, je ne sais plus que penser, tellement cette histoire est incroyable. Mais il faut que tu aies confiance, en notre justice.
Romain est un beau prénom. J'ignore si tu le sais mais le Quercy fut une terre romaine, Cahors s'appelait alors Divona. J'espère que tu pourras bientôt lui montrer ces sentiers que tu aimes tant, ces pigeonniers, ces vieilles pierres, ces gariottes.

Courage et n'hésite pas à avoir confiance en la vérité. Si tu es en totale sincérité, la vérité finira par être connue. Par tout le monde.

Stéphane

LXX Aubervilliers

Samedi 15 décembre 2012. Aubervilliers. « *Trois jeunes hommes d'origine italienne, d'une vingtaine d'années, assassinés dans leur cité. Ils se trouvaient à bord d'une Mercedes noire de location, arrêtée devant l'entrée K et sont décédés sur le coup après avoir été touchés par des projectiles probablement tirés par une Kalachnikov et un pistolet de gros calibre, selon une source proche de l'enquête. Trois motos furent aperçues sur les lieux. Les investigations ont été confiées à la brigade criminelle de la police judiciaire.* »

Durant presque une heure, une chanson berça le quartier. La police, en attente des différents spécialistes, laissa tourner le lecteur CD des victimes, bloqué avec "à fond" le titre d'une chanteuse locale, Lor, "*une usine à rêve.*"

Une usine à rêve

Marlène Marylin
Et toutes leurs frangines
Toujours des filles fragiles
Des décennies qu'elles défilent
Dans un grand jeu
Où des mégalos se prennent pour Dieu

Et toi aujourd'hui
Toi qui as grandi
Avec pour tout modèle
Des actrices des top-models
Tu sais qu't'es belle
Tu veux d'la vie plus que du réel

Une usine à rêves
C'est plaire ou crève
Une usine à rêves
Où quand on te dit « pense »
C'est pense aux apparences

Tu vois des gamines
Dev'nir héroïnes
Elles n'ont rien d'plus que toi
Les médias en sont fadas
Tu comprends pas
Pourquoi les producteurs t'répondent pas

Alors tu déprimes
Descente en abîme
Maintenant tu dis oui
Quand on te dit « c'est ainsi »
Tu les laisses faire
Tu veux tant voir le soleil sur terre

Une usine à rêves
C'est plaire ou crève
Une usine à rêves
Où quand on te dit « pense »
C'est pense aux apparences

Comment ces jeunes avaient récupéré cet album ? Je redécouvrais alors que Lor vivait également dans ce 9-3. J'avais le souvenir de "région parisienne" mais n'ai jamais prêté vraiment attention aux noms des villes. Lor est l'une des six interprètes de l'album *"vivre autrement (après les ruines)"* que j'ai réussi à produire et qui fut un bide retentissant !

Mercredi 19 décembre 2012. Aubervilliers. « *Quatre jeunes hommes d'origine maghrébine, d'une vingtaine d'années, assassinés. Une voiture a bloqué leur Clio au feu rouge, tandis que les occupants d'un second véhicule ouvraient le feu. Les deux voitures utilisées par les agresseurs ont été retrouvées brûlées sur la commune de Neuilly, Parc des Coteaux d'Avron, à une quinzaine de kilomètres des lieux du drame. Les premiers éléments de l'enquête permettent d'imaginer qu'il y aurait un lien avec le crime de samedi dernier où trois jeunes, cette fois d'origine italienne, avaient été abattus dans des conditions proches. Le ministre de l'Intérieur Manuel*

Valls, rapidement sur place, a dénoncé "un crime de trop, inacceptable". La guerre des gangs, sur fond de trafic de drogue, semble entrer dans une phase de violence comme n'en avait plus connu le département depuis une décennie. »

Vendredi 21 décembre. Prison de Fresnes.
« Violence en prison également. Un homme d'une soixantaine d'années, incarcéré pour viols aggravés sur mineures, a été assassiné durant sa promenade, à coups de pics à glace. Aucune hypothèse ne semble pouvoir être écartée, de la simple bagarre ayant dégénéré à la nature des faits reprochés en passant par le racket sur un homme fortuné dont l'identité n'a pas été révélée. »
Une dépêche anodine. Mais j'appris qu'il s'agissait du sieur Carlo. Aucune peine. Pas même l'envie de signaler cette conclusion à Amina.
La guerre entre ritals et beurs était bien redémarrée.

LXXI Lettre de Nadège

Stéphane,

Merci pour ta réponse. Je regrette de ne pas t'avoir écrit plus tôt. J'ai de nombreuses fois hésité. Mais tellement de problèmes me sont tombés dessus... Je n'ai rien voulu de tout cela...

Heureusement, j'ai enfin l'impression d'apercevoir la lumière.

Mon avocat pense que cette fois une demande de remise en liberté devrait être acceptée. L'idéal serait que je puisse obtenir un certificat d'hébergement d'une personne de la région. Pour Romain et moi.

Tu seras peut-être surpris que je me permette de te demander ce service.

Je comprendrais naturellement que des raisons t'en empêchent.

Mais j'ose t'adresser ces formulaires.

J'aimerais de nouveau pouvoir marcher dans ces sentiers, lire tranquillement, appuyée contre un chêne comme je le faisais les après-midis de beau temps, m'installer dans la gariotte quand il pleut...

Comme les choses simples et naturelles sont belles, me remplissent d'espoir.

Je n'ai jamais cessé d'avoir confiance.

J'en ai l'eau à la bouche rien qu'au souvenir de tout ce que j'ai découvert dans ce Quercy. J'aime ce village. Si c'est possible, j'aimerais y revivre.

Mon avocat me laisse espérer... j'ai la folie de le croire.

J'espère que tu vas bien et qu'un jour je lirai ton nouveau roman. Tu sais que j'ai beaucoup aimé « ils ne sont pas intervenus. »

Bien amicalement et avec tous mes remerciements,

Nadège.

Je répondais immédiatement :

Nadège,

C'est avec grand plaisir que je viens de remplir ces formulaires. Même si les documents administratifs me saoulent toujours. Je te remercie d'avoir pensé que votre présence pourrait égayer ma solitude !

Je ne m'y connais absolument pas en "liberté conditionnelle" mais n'hésite pas si je peux te permettre d'accélérer certaines procédures, soit par ma visite soit par des écrits.

J'ai reçu ta lettre du facteur ce midi. Je me précipiterai jusqu'à la poste pour la déposer avant la dernière levée. Une journée de gagnée, pour toi, qui en as passées bien trop derrière ces barreaux, je me dis que c'est beaucoup. Imagine-moi courir avec une enveloppe en main...

J'espère qu'ici tu retrouveras le sourire...

Bien amicalement,

Stéphane

LXXII 25 décembre 2012 : le pire est toujours possible

« *Profitant sûrement d'un certain relâchement dans l'attention générale, quatre hommes ont réussi à s'introduire discrètement dans la maison d'arrêt d'Agen...* »

Ce matin-là, Nadège était la seule mère dans "la pouponnière."
Ils ont ligoté la gardienne dans le couloir.

La gardienne, selon sa déposition, se souvient de l'ensemble des paroles prononcées.

« "- Tu vas crever sorcière" (elle semble avoir pris un enfant dans ses bras) Donne ça (l'un des meurtriers semble lui avoir arraché cet enfant). (Je ne peux pas distinguer les quatre voix, seules les paroles se sont incrustées en moi). "Rendez-moi mon enfant" a crié plusieurs fois Nadège puis elle a poussé un cri atroce, je n'ai pas compris sur l'instant mais l'enfant fut alors égorgé. Ils ont bâillonnée Nadège. "Comme ça tu pourras plus gueuler, sorcière" (d'elle je n'ai plus alors entendu que des cris étouffés) "Tu vas crever pareil, sorcière... avant tu payer... on va s'offrir du plaisir, on a tous rêvé ton cul... faut pas tu crèves avec ce rital dernier, tu appartiens au maître... (ils l'ont violée, j'ignore si les quatre l'ont violée, je l'entendais juste essayer de se défendre et ne pouvais rien faire, l'un d'eux est venu regarder trois fois dans le couloir... quand il n'y a plus eu aucun gémissement, j'ai senti l'odeur de paille qui brûlait... « yeah beau boulot, chef s'ra fier nous » a prononcé l'un des assassins... « yeah » semble avoir été leur cri général. Ça a duré 22 minutes entre le temps où j'ai été attachée, où j'ai fixé mon regard sur la pendule, 8 heures 06 et quand ils sont partis, à 8 heures 28 et je n'avais pas réussi à atteindre la porte quand Pascal est entré à 9 heures 12... »

Ils avaient emporté de la paille, qu'ils lui ont enfournée dans le vagin et l'anus, ils ont imbibé le tout d'alcool à brûler et craqué une allumette... Comme pour les voitures, les corps se brûlent pour ne laisser aucune trace ADN. L'ADN des quatre "suspects" permit néanmoins leur arrestation sous quatre jours. Avec l'aide des caméras de surveillance de la prison et de la gare d'Agen.

Nadège est morte égorgée mais son corps était ouvert "de partout." Et c'est avec son sang, de sa main droite, qu'avant d'expirer elle a tracé un cœur, un S, un T et une barre verticale. Il ne fait aucun doute pour les policiers, ni pour moi, qu'il s'agissait du début d'un E.
Dans sa cellule, une lettre attendait le passage "du facteur." J'ai pu la lire. Mais elle reste "au dossier."

Je suis désormais persuadé qu'elle a immédiatement compris qu'ils venaient les tuer, elle et l'enfant.
Elle a sauvé son fils en se saisissant d'un autre que sa mère souhaitait abandonner. Qui pourrait le lui reprocher ?

LXXIII Ce monde

Je vis dans ce monde. Je vis dans ce pays civilisé appelé France. Je suis né en 1968. J'ai connu la hantise de 1984. Il se passerait quelque chose. Sûrement la guerre avec l'URSS. J'aurais 16 ans. Je serais rapidement mobilisable. C'est ce qui se racontait, chez des gens qui n'avaient jamais lu Georges Orwell. J'ai connu la « guerre froide. » Le « un jour ils nous enverront une bombe atomique et on sera tous morts. » J'ai connu la chute du mur de Berlin mais je m'intéressais surtout à Angélique, pensée éternelle. J'ai connu la prédiction de « la fin des conflits. » J'ai refusé le service militaire, plutôt P4 que pigeon, j'ai refusé de moisir trente-sept ans et demi (c'aurait été au moins quarante) dans un bureau. J'ai refusé la tunique du pion d'un grand groupe, de Vivendi à Lagardère en passant par Gallimard, Sony ou le baron Ernest-Antoine, j'ai refusé de quémander un strapontin chez les installés... Je suis du Lot mais d'aucun de leurs clans.

J'ai voulu vivre à la campagne, y vivre tranquillement. Et je me réveille dans un monde où des croyances religieuses interdisent à une femme d'aimer l'homme qu'elle aime, où des kalachnikovs et de gros calibres se dégainent comme des appareils photos.
Je sais bien que derrière les apparences, ce territoire est gangrené de tous les côtés. Que dans cette grande démocratie le président de la commission des finances de 2010 à 2012 peut logiquement s'installer au ministère du budget socialiste, chargé de lutter enfin efficacement contre la fraude fiscale tout en transférant son argent, discrètement sorti de l'hexagone, d'un paradis fiscal à un autre, et dans ce pays la ministre de la Culture peut rester sous contrat avec le principal groupe d'édition, des associations peuvent recevoir des subventions du Conseil Général du Tarn-et-Garonne et les dépenser en achats de publicités dans la *Dépêche du Midi*, groupe également propriétaire d'une agence de voyage... Vive la ministre du Tourisme ! Martin Malvy mourra peut-être considéré.

Je sais bien que je ne trouverai ailleurs aucun endroit où vivre la vie comme je la vivais presque. Cet idéal que j'ai cru possible de partager avec Amina. Mais elle souhaitait autre chose. Elle n'a finalement jamais apprécié « *ce bled* ». Rapidement, elle m'annonça avoir simplement accepté de venir « *temporairement* » dans ce trou mais qu'un jour il faudrait que l'on parte à Djibouti, c'était son pays, il y faisait beau, on s'achèterait une villa sur les collines, avec l'irrigation, un magnifique verger de manguiers, bananiers... bien mieux qu'ici... Qu'à trente degrés ma peau explose ? Elle s'habituerait et « les riches » peuvent se payer l'air conditionné...

Je suis né dans ce pays, j'ai choisi de vivre dans ce Quercy. J'ignorais qu'il s'agissait d'une terre de clans, un seul média un seul parti, ou presque...

Je ne sais plus. Nadège, je te revois vomir sur moi. Je me revois vomir sur toi. Je vomis sur ce monde. La révolution ? Qui la mérite ? Ne sommes-nous pas simples lambeaux agenouillés devant des millionnaires imbus de leur position, sûrement conscients (rarement) qu'elle ne repose sur rien de concret, donc encore plus obstinés à essayer de la préserver en écrasant, en manipulant, les "inférieurs"...

LXXIV Des informations

Nadège a refusé la décision du "conseil des ministres" où Farid, le cousin, avait succédé au chef. Elle devait l'épouser. Ce qui permettrait à l'argent et à la femme de rester dans la famille.

Un avocat avait transmis une demande de mariage argumentée, qui devait se dérouler en prison. En spécifiant qu'il s'agissait d'une tradition familiale obligatoire. Qu'il avait été désigné par le Conseil de Famille comme celui devant la recueillir après la perte de son mari dans d'affreuses circonstances.
Le mariage devait se dérouler le plus rapidement possible.

Nadège avait fait répondre qu'elle ne voulait absolument rien garder de l'argent de Kader, que tout reviendrait à sa famille, qu'elle demandait une annulation de leur mariage. Qu'elle s'était mariée sous la menace. Que dès sa sortie de prison elle quitterait la France où elle ne pouvait plus vivre. Qu'en aucune façon elle se remarierait un jour.

LXXV La gardienne

La gardienne "a souhaité" me parler. Ce fut en présence de policiers qui ont consigné l'ensemble de notre échange. Il s'agissait de confronter un suspect à un témoin ? Elle était devenue la confidente de Nadège, persuadée que cette longue épreuve allait bientôt se terminer, qu'alors elle sortirait innocentée et qu'enfin la vraie vie débuterait, avec le père de son enfant.

« Donc, ce n'est ni Kader ni Pablo, je lui demandais. Elle m'a toujours répondu d'un simple et magnifique sourire. »

- Etes-vous le père de cet enfant ? Est intervenu un policier que je n'avais jamais rencontré.
- Dans ses lettres, Nadège le croyait, voulait m'en persuader. C'est effectivement possible, car nous avons eu des relations sexuelles. Mais elle vivait avec Kader et l'autre, l'italien, est également venu la rejoindre. Dans sa première lettre, que vous connaissez sûrement par cœur également, elle utilise le mot "cycle" qui pourrait signifier qu'elle a observé son cycle et n'aurait eu qu'avec moi des relations durant son ovulation. Qu'elles étaient ses relations avec Kader, je n'en sais rien. Puis-je demander un test ADN ?
- Dans ces circonstances je pense qu'il sera accordé. Mais si la grand-mère de l'enfant, auquel il est confié, le refuse, il vous faudra prendre un avocat et recourir à une procédure parfois longue.

La gardienne nous a apporté une réponse au sujet du cycle :
- Il l'avait sodomisée devant un vieux voisin et dès ce jour il n'était plus entré dans son vagin, qu'elle prétendait irrité.
Hypothèse crédible.

Nadège fut incinérée. Un lieu tenu secret, "dans la plus stricte intimité."
J'ai souhaité y assister. Ma demande fut transmise à sa mère. Qui refusa.

Elle a de même, huit jours plus tard, refusé cette demande de tests ADN.

"C'est un fou, un affabulateur, il pense que le petit va hériter d'une somme colossale, il n'y a que cela qui l'intéresse. Comme l'autre, Farid."

L'inspecteur Delattre était désolé. Il m'indiqua l'unique voie possible : prendre un avocat et suivre la procédure légale. L'avocat de Farid avait effectivement déposé une demande d'adoption mais les quatre assassins avaient avoué, l'avaient désigné commanditaire du crime, avant de totalement se rétracter.

- Si je lui écris une lettre, accepterez-vous de la lui transmettre ?

Il a hésité. Ou mimé l'hésitation.

- Sa copie sera naturellement versée au dossier.

- Naturellement.

Je l'ai écrite rapidement, sur le coin d'une table, à la main. Le soir, en relisant le brouillon, je regrettais de nombreux passages.

Madame,

Pour l'instant, je ne suis certain que d'une chose : depuis sa naissance, Nadège a tout fait pour me persuader que je suis le père de Romain.

Comme vous le savez, Nadège est morte en pensant à moi, en traçant de son sang un cœur et en écrivant le début de mon prénom.

Durant sa détention, elle m'a écrit trois lettres. Deux que j'ai reçues et une que j'ai pu lire, en attente d'envoi, versée à son dossier.

Le prénom de Romain n'est pas un hasard. Elle savait que mon prénom préféré pour un enfant était Romane. Nous n'avions jamais parlé d'un prénom masculin.

Dans sa première lettre, elle me déclara, de manière imagée (elle savait qu'elle serait lue), son absence totale de doute sur le nom du père, "le cycle." Je vous avoue avoir eu des difficultés à la croire.

Du 16 mars au 3 avril, Nadège et moi avons été "amants", le terme est très laid pour la manière dont nous avons vécu ces 19 jours. Elle vivait avec Kader, moi avec Amina. Comme vous le savez sûrement, Kader avait réussi à la piéger. Et mon couple n'existait plus vraiment.

Quand j'ai appris l'histoire avec l'italien, j'ai d'abord cru qu'elle avait triché avec moi. Puis il y eut ses lettres.
Comme vous le savez sûrement, c'est chez moi qu'elle souhaitait se rendre si sa demande de liberté conditionnelle était enfin acceptée.
Je comprends vos réticences à accepter ce test ADN. Je le sais pourtant nécessaire.

Nadège aurait-elle "imaginé" tout cela pour s'accrocher à la possibilité que le père de Romain soit celui avec qui elle souhaitait vivre ? Je sais bien que tout est possible. Durant nos 19 jours d'Amour, elle prononça souvent "il faut qu'on trouve la solution pour vivre ensemble." Que vous dire de plus ? Ne vous inquiétez pas, vous serez toujours la grand-mère de Romain... Nous parlions parfois de vous. J'ai l'impression d'un peu vous connaître. Malheureusement Nadège n'a pas eu le temps de vous parler de moi.

Je crois qu'elle m'a aimé comme elle n'avait jamais aimé. Et c'est une douleur immense de ne rien avoir pu faire, de ne pas avoir compris avant. Pourquoi ne m'a-t-elle pas écrit avant ? Je n'en sais rien. Que vous dire de plus ?

Stéphane

Les tests ADN furent imposés par la justice. J'ai l'impression d'avoir été (de nouveau) manipulé, dans le but d'observer mes réactions, les confronter aux éléments connus. Toujours cette hypothèse que Nadège et moi ayons joué un jeu dangereux ?

LXXVI Juste des histoires où l'on essaye

- Ne me le prenez pas, supplia Sabine, sa grand-mère, en ajoutant, au bord des larmes : il est tout ce qu'il me reste au monde.

J'en avais pourtant le droit mais ne me sentais pas la force ni la capacité de m'occuper d'un enfant. Fut-il le mien. J'ai eu beau tout tourner dans ma tête, aucune solution n'y germait. Emmener cet enfant ou le laisser, dans les deux cas ma vie s'annonçait "impossible." Je lui proposais de m'accompagner, dans le Lot. Lui précisant que la maison est grande, m'engageant à lui laisser "une aile", une chambre, un bureau, et concluant sur notre capacité à s'arranger pour la cuisine, lui concédant même ne jamais m'être occupé d'enfants. Depuis les "événements" elle posait en congés maladie.

Elle accepta cette *« unique solution... Je comprends que vous souhaitiez assumer votre rôle de père. »* Romain fut très perturbé par ce nouveau décor. Enfin, je le croyais en constatant que dès qu'on le pensait endormi et quittait la pièce, il se réveillait en hurlant. Finalement Sabine me concéda l'avoir toujours connu ainsi, dormant même à ses côtés, "comprenant" qu'il s'agissait d'un « traumatisme de ce jour-là ». Nous nous sommes donc "assoupis" plusieurs fois sur le lit près de lui… Que nos corps se soient touchés était donc sûrement inévitable et "la chair est faible", elle a ressenti mon érection. Quand je m'en suis aperçu, il était trop tard… Elle a simplement murmuré « qu'est-ce qu'il nous arrive… » ma réponse fut sûrement appropriée « ah, toi également ! » et après « c'est moins visible mais aussi fort » ce fut rapide…

J'ignore ce que notre couple peut donner. Elle également. Nous ne cherchons pas à nous cacher que nous ne correspondons absolument pas au profil que nous aurions recherché sur un site de rencontres.

La vie nous a placés l'un à côté de l'autre. Aucun "je t'aime" ni de "mon amour", nous continuons à nous

appeler par nos prénoms. Aucune effusion durant la journée mais pourtant pas une seule nuit, même les jours de règles, nous ne nous endormons sans union.

- J'aime faire l'amour avec toi. Je me sens bien. Quelque chose passe entre nous, tout simplement. Je me sens bien également au quotidien, Romain sait nous empêcher de penser à autre chose mais la manière dont tu vis, entre les bêtes, tes livres, ton ordinateur, ton appareil photo et tes balades, tout cela me convient. C'est simple mais reposant. Il s'est installé une tendresse, un respect, entre nous. C'est surprenant car la première fois que je t'ai vu, je ne pouvais pas croire que ma fille se soit entichée de toi ! Mais derrière tes airs "bizarres" tu es quelqu'un de bien. Le plus souvent, c'est le contraire. Je ne sais pas si ça durera ainsi, si ça se transformera en amour. J'ai presque 48 ans et je ne crois plus en rien. L'assassinat de ma fille, je l'ai vécu comme si l'on m'avait mutilée, je me suis accrochée à Romain. Sans lui, je me serais sûrement suicidée. C'était trop douloureux. Quand j'ai compris qu'il n'y avait pas d'autre solution, j'ai accepté de venir avec toi tout en redoutant une guerre devant le berceau ou les larmes du souvenir de ma fille. Et aujourd'hui, je suis bien dans tes bras… même si je ne peux m'empêcher de parfois penser que tu la retrouves en moi…
- Comme tu peux la retrouver en moi… tu sais qu'elle m'a aimé… bien plus que je le pensais même… Je me sens bien quand nos corps s'unissent, tout simplement… Je sais comme toi qu'entre nous il ne serait rien passé dans une vie normale… mais qu'est-ce qu'une vie normale ?

Et le jour où elle m'a demandé « *qu'est-ce qui te ferait plaisir ?* », une idée m'est passée… peut-être un phantasme… Et depuis, presque chaque matin, elle me "réveille" ainsi. Je pense qu'il n'y a aucun lien avec Nadège repartant avec un peu de moi le 3 avril 2012. Un vieux phantasme qu'aucune femme n'avait voulu ou pu réaliser. Certes, aucune ne l'avait connu. Aucune ne m'avait posé une question pouvant susciter cette réponse.

Cette histoire durera plus longtemps que les autres ? Pour la première fois je vis avec une femme plus âgée que moi... et c'est vrai, je ne ressens aucune différence d'âge... et tout dans notre union semble harmonieux, d'une harmonie naturelle alors qu'elle nécessitait un combat avec Amina, suivi d'heures de rancunes de s'être ainsi donnée... Le jour "naturellement" ses traits sont moins lisses... oui j'y observe parfois Nadège vieillie même si, heureusement, « *elle avait les yeux de son père.* » C'est cela, l'amour ? Juste cela ? Aucun Amour béton, juste des histoires où l'on essaye de vivre du mieux possible pour permettre à l'harmonie "naturelle" de s'installer ? Chaque soir je lis de nouveau quelques pages de Sénèque. C'est bon signe. En souriant, je m'identifie à Lucilius et reçois avec plaisir de mon ami « *si tu pratiques la philosophie, cela va bien. C'est elle en effet, qui donne la vraie santé.* » Je te l'accorde « *on a plus de peine à rester fidèle aux résolutions qu'on a prises qu'à les prendre conformes à la vertu.* »

LXXVII La gariotte

- On ne peut pas laisser Nadège dans une urne funéraire à Aubervilliers ! Elle aimait cet endroit, je crois que ses cendres doivent s'y répandre. Ce n'est pas ton avis ?
Je me sentais surpris. Surtout je prenais conscience d'avoir au maximum bloqué toutes pensées sur ce qu'elle avait enduré et le devenu de son corps tant apprécié. Je subissais un frémissement général. Finalement une idée me traversait :
- Je crois... qu'elle aurait préféré l'idée de finir sur le plateau, dans la gariotte.

Nous décidâmes d'essayer d'acheter le terrain, pour le transformer en mausolée.
Les services fiscaux du cadastre nous fournirent le nom du propriétaire. Heureusement, il ne s'agissait pas, comme je l'avais redouté, de l'agriculteur ayant à plusieurs reprises accroché le mur de la maison en passant avec des outils trop larges ; la mairie refuse d'interdire la ruelle au matériel agricole.
Nous lui expliquâmes tout simplement notre intention. Il fut ému. Et accepta. « Mais juste un coin ! » Il possédait là environ dix hectares. Finalement il nous céda à partir du chemin et jusqu'au muret en pierres sèches. 512 mètres carrés. Trois mille euros. Soit bien plus que la valeur du terrain en friche mais quand même pas au prix du terrain constructible. Auxquels il fallut naturellement ajouter les "frais de notaires" et 1308,44 euros de frais d'arpentage et de division parcellaire.

LXXVIII L'anniversaire

Après son exigence en six mots « il faut que tu deviennes musulman », jamais je n'ai éprouvé l'envie de faire plaisir à Amina. Elle nous avait placés sous un couperet. Et avant, je n'en ai pas eu l'occasion. Je lui achetais des cadeaux uniquement pour éviter ses colères, toujours en traînant les pieds et en pensant cela totalement inutile, dérisoire face à son souhait de me transformer.

Jamais une femme avant elle n'avait souhaité ainsi me métamorphoser. Certes m'habiller mieux, me coiffer correctement, me raser…

J'ai donc "été surpris" par l'envie d'offrir à Sabine un véritable anniversaire. Des fleurs le matin sur la table… je m'étais levé la nuit pour en couper dans le jardin, le midi la boulangère nous amena des tropéziennes puisque comme moi elle les adore et ensuite je l'emmenais à Cahors pour une balade à trois sur le Lot, la rivière. Un truc de touristes, certes. Mais une petite chose que je n'avais jamais connue. Et je l'ai invitée au restaurant… pas pour ce que l'on pourrait y manger, je n'ai jamais compris cet attrait pour de la mauvaise cuisine alors qu'on peut en réaliser de la bonne chez soi mais juste parce qu'elle m'avait parlé de cette époque pas si lointaine où chaque samedi elle "sortait"… Quant au cadeau, je manquais certes d'entraînement pour être original mais le kindle rempli de ma centaine d'ebooks lui fit bien plus plaisir que le même objet certes vide "à l'autre."

J'avais hésité. Quelque part c'est ce kindle qui fut à l'origine de la disparition de Nadège avec le triomphe de Kader… mais oui « il nous faut vivre sans en vouloir aux objets innocents de la manière dont on les a utilisés. » Cette phrase, en lui exposant mes réticences dans ce choix, je l'ai considérée de bonne qualité, lui demandant même de la saisir pour s'entraîner à la prise de notes…

Ce soir-là pour la première fois nous nous sommes embrassés en dehors des instants d'union, et même en pleine lumière. Romain fut "bizarrement" un ange.

Elle me confia ensuite l'un de ses projets :

- J'y pense depuis un moment... j'avais 47 ans, j'en ai 48... le docteur est bien gentil de me reconduire en arrêts maladie mais ça ne durera pas... Je ne sais pas si je finirai mes jours avec toi... Mais si tu es d'accord pour penser que peut-être nous resterons ensemble au moins quelques années, j'envisage de vendre mon appartement là-haut car je n'aurai jamais la force d'y retourner, exit mon cher travail et je n'ai pas l'envie d'en chercher un autre. Avec cette vente, je peux largement tenir sans travailler jusqu'à la retraite, et il me restera même un petit capital pour le jour où je devrai trouver un appartement si l'on se sépare. Ou cet argent reviendra à Romain ! Nous vivons de peu et ce peu me suffit. Il ne m'aurait pas suffi à 30 ans mais je comprends ton choix de vie, ta volonté de dépenser le moins possible pour tenir avec les faibles revenus de tes livres. Donc voilà, si tu penses que la vie qu'on connaît depuis trois mois peut durer, si tu ne vois pas un truc que j'aurais oublié, je vais définitivement fermer la page du 9-3.

Pour ma part, je lui avouais avoir essayé de réaliser "un gros coup" : retrouver les cinq cents billets de cent euros que Kader doit bien avoir cachés par ici. Mais après avoir creusé partout où la terre semblait avoir été remuée, avoir retiré des dizaines de pierres de sa rénovation, rien. Absolument rien. Cette maison devrait bientôt être vendue et nous avons "logiquement" décidé de placer sur un compte bloqué au nom de Romain tout ce qui lui reviendrait.

Nous sommes presque "une forme de couple" même si Sabine conserve le statut d'hébergée à titre gratuit. Quant à la nature exacte de mes sentiments, je l'ignore. On croit qu'il faut des choses exceptionnelles pour vivre ensemble. Amina eut besoin d'une grande mise en scène pour franchir le cap mais un amour sans quiétude sombre rapidement. Alors qu'il faut surtout une volonté commune. Ce qui peut expliquer que les femmes et hommes n'étaient pas plus malheureux quand les parents les unissaient plutôt que de laisser des détails comme la longueur des cheveux ou la couleur des yeux orienter leur vie. Suis-je sorti de mon voyage au bout de la nuit ? Puis-je enfin me consacrer à la Révolution, numérique ?

Cahors
Oeuvre Henri Martin

Stéphane Ternoise… un peu plus d'informations

Né en 1968

http://www.ecrivain.pro essaye d'être complet, avec un "blog" (je préfère l'expression "une partie des chroniques"). Mais il ne peut naturellement pas copier coller l'ensemble des textes présentés ailleurs.

http://www.romancier.net

http://www.dramaturge.net

http://www.essayiste.net

http://www.lotois.fr

Les noms de ces sites me semblent explicites…
Le graphisme reste rudimentaire. Tant de choses à faire…

http://www.salondulivre.net le prix littéraire a lancé sa onzième édition. Une réussite d'indépendance. Mais peu visible…

L'ensemble des livres numériques ont vocation à devenir disponibles en papier et réciproquement. Il convient donc de parler de livre au sens fondamental du terme : le contenu, l'œuvre. En juillet 2013, le catalogue numérique de Stéphane Ternoise dépasse la barre naguère inimaginable de la centaine. Il est constitué de romans, pièces de théâtre, essais mais également de photos, qu'elles soient d'art (notion vague) ou documentaires (présentation de lieux, Cahors, Cajarc, Montcuq, Beauregard, Golfech…), publications pour lesquelles l'investissement en papier est impossible, sauf à recourir à l'impression à la demande.

Site officiel : http://www.ecrivain.pro

Présentation des livres essentiels :
http://www.utopie.pro

Le roman invisible de Stéphane Ternoise.
Dépôt légal lors de la sortie numérique du 26 janvier 2014.

Imprimé par CreateSpace, An Amazon.com Company pour le compte de l'auteur-éditeur indépendant.
livrepapier.com

ISBN 2-36541-509-1
EAN 9782365415095